NONFICTION
論創ノンフィクション
059

極私的映画論

森　達也

論創社

まえがき

あなたが今手にしているこの書籍は、二〇二〇年二月から「ニューズウィーク日本版」で連載が始まった「私的邦画論」をベースにしている。「映画」ではなく「邦画」にした理由は、連載を依頼してくれた長岡義博編集長が自他ともに認める邦画ファンで、邦画に限定したらどうでしょうかと提案されて、確かにそのほうが巷に数多い映画批評とは差別化できるかも、と僕も考えたからだ。

でも『福田村事件』を撮り始めた二〇二一年あたりから、書き続けることが苦しくなった。理由は自分が現役だから。

現役の選手は試合の批評や解説などしない。「いい試合でした」くらいは言うかもしれない。でも逆に言えばその程度だ。特に批判の方向に趣旨が傾いたときは、書きながらどの口が言うのかと自分でも思う。さらに最近の邦画を題材にしたときは、監督は知り合いであることが多い。

こう見えて実は気が小さいのだ。怒るだろうなと思いながら書くのはつらい。というか筆が鈍る。担当編集者で副編集長の大橋希にこれ以上はつらいと伝えたら、ならば洋画も入れましょうと提案された。

洋画なら知り合いの監督はそれほど多くない。また彼らがこの記述を目にする機会も少ないはずだ。そう考えてずいぶん楽になった。

そもそも現役を自認するならば書かなければいい。実はそう思っている。でも楽しいのだ。映画についていろいろ思ったり書いたりすることが。

映画を観始めてもう半世紀以上が過ぎる。多くのことを知った。気がついた。僕の人生において映画は、間違いなくとても重要な位置にある。

二〇年前に観た映画について書くことは、二〇年前の自分について書くことでもある。だから書きながら記憶が揺さぶられる。ふと思い出す。そんな時間を過ごすことができる。

決して公正公平な批評ではない。だからタイトルに「私的」をつけた。あくまでも僕の解釈。本文でも書いているが、一〇〇人いれば一〇〇通りの解釈がある。それでよい。だから映画は豊かなのだ。

目次

本書の内容は、一部の論考を除いて「ニューズウィーク日本版」に掲載されたものである。各論考の末尾には、同誌の掲載号を記した。

I

20200218-20200616

1 若かりしショーケンと田中邦衛の青春映画『アフリカの光』をDVDでは観ない理由

映画青年だった。大学の授業にはほとんど出席せず、映画制作サークルの友人たちと8ミリ映画を撮り、空いた時間には情報誌「ぴあ」を片手に映画館を回っていた。ただし料金が高い封切館（つまりロードショー）にはまず行かない。通っていたのは封切館の半分以下の料金で、旧作を二本か三本立てで上映する名画座だ。

具体的には池袋の文芸坐、高田馬場のパール座と早稲田松竹。そして飯田橋の佳作座とギンレイホール。この辺りがテリトリーで、行けば半日は過ごせる。週末の夜にはオールナイト上映もあった。

この名画座的な空間に洋画は（ヌーベルバーグやアメリカン・ニューシネマは別にして）似合わない。ハリウッドの超大作など特に。メインは邦画だ。神代《くましろ》辰巳に深作欣二、今村昌平に長谷川和彦、溝口健二に小津安二郎、藤田敏八《としや》に黒澤明、田中登に熊井啓。当時観た映画の監督名を思い付くままに挙げたけれど、あの頃の邦画は本当に面白かった。

映画は表現であると同時にメッセージでもある。映像であると同時に音楽でもある。真実であると同時に虚構でもある。あらゆる相反する要素が詰め込まれている。人生についてのほとんどとは言わないが、半分近くはこの時期に観た映画から教わったような気がする。

だからこの連載のテーマは邦画。名画座的空間はこれからも減り続けるとは思うが、でもきっと絶えることはない。第一回は何か。いろいろ考えたけれど、前置きを長く書き過ぎてしまったので、さらりと触れられる『アフリカの光』にする。

公開は一九七五年。丸山健二の同名小説の映画化だ。脚本は中島丈博で監督は神代辰巳、そして撮影は姫田真《しん》佐《さ》久《く》で主演は萩原健一と田中邦衛。クレジットを見るだけで、この時代の映画青年にとっては、まさしくメインストリームに位置する作品だ。それなのになぜ「さらりと触れられる」と判断したのか。理由は内容をよく覚えていないからだ。

と書くと、初回からふざけるな、と怒られるかな。ふざけていない。内容はよく覚えていないけれど、とても強く印象に残り、今も事あるごとに思い出す作品なのだ。

ストーリーはこれ以上ないほどに平板だ。アフリカに船で行くことを夢見る二人の男が、北海道の港町で冬を過ごす。生活のために二人はイカ釣り船に乗る。港の女と知り合い体を重ねる。けんかをして一人は故郷に戻る。結末は覚えていない。おそらく結末が意味を持つ作品ではない。覚えているのは、二人の男のだらだらとした日常。そして唐突にインサートされるアフリカのまぶしい光に満ちたサバンナの数秒のカット。

生きることの切なさを実感した。……無理やりに言葉にすればそういうことになるのかな。いや無理やりに言葉にする必要はない。名画座の窮屈な椅子に座ってスクリーンを凝視する僕の全身に、この映画は深く浸みこんできた。それは確かだ。

それからもう三〇年以上が過ぎた。この原稿を書きながらネットで検索したら、ＤＶＤは市販されているようだ。でも観ない。観たくないわけじゃない。でも観ない。そんな映画が一本くらいはあってもいい。

『アフリカの光』（一九七五年）
監督／神代辰巳
出演／萩原健一、田中邦衛、桃井かおり、高橋洋子
〈二〇二〇年二月一八日号〉

2 『なぜ君は総理大臣になれないのか』は誰に向けた挑発か——小川議員の一七年に僕たちの選択を思う

『なぜ君は総理大臣になれないのか』。相当に挑発的なタイトルだ。でもその挑発は誰に向けられているのか。被写体である小川淳也衆議院議員（立憲民主党）なのだろうか。

小川は決して著名な議員ではない。でも昨年の国会で、「統計偽装や不正の疑惑について政権を鋭く追及し、SNSなどでは『統計王子』と称されて注目を集めた」と説明すれば、ああ、あの議員か、と思い出す人はいるはずだ。ちょうどこの時期、『i—新聞記者ドキュメント—』を撮影していた僕は、被写体である望月衣塑子《いそこ》記者と小川が議員会館の彼の部屋で話す状況を撮影した。熱い男だなあと思ったことを覚えている（最終的にこのシーンは編集で落としたが）。

大島新監督は、小川とは一七年来の付き合いであることを作品の中で明かしている。つまり被写体との距離の近さを大島は隠さない。選挙活動などパブリックな場だけではなく、小川の家庭にまでカメラは入り込む。作品の冒頭で幼かった二人の娘は、終盤の選挙戦のシークエンスではすっかり大人になって、父の選挙を必死に手伝っている。

東大を卒業して自治省（現総務省）に入省した小川は、そのままのコースを歩めばエリート官僚だったはずだ。しかし政治家を志した。地盤・看板・カバンは何もない。おまえはそれほどに総理大臣になりたいのか。大島のこの挑発を小川は否定しない。

ならば野心だけの男なのか。もちろん野心もある。でも小川を突き動かしているのは、国民一人ひとりの幸福を本気で願う気持ちなのだ。

……さすがに自分の筆致が気恥ずかしい。でも正直な感想だ。それは一七年間、小川を見続けた大島の思いでもある。誠実な男だ。そして本気なのだ。でもそれだけでは選挙に勝てない。選挙戦は毎回のように薄氷だ。所属する政党も民主党から始まって、民進党を経て希望の党から無所属になった。だから誤解も多いし風評も厳しい。街頭で市民に罵倒されるが、小川は頭を下げ続ける。

　観ながらあなたは気付くはずだ。この映画は小川淳也という個人を被写体にしているが、テーマは日本の政治状況であることに。政治とはすなわち社会でもある。つまりこの作品は、アメリカがイラクに武力侵攻した二〇〇三年から現在に至るまでの、僕たちの記憶と記録のドキュメンタリーでもある。この間に日本でもいろいろあった。東日本大震災を機に民主党は政

治の表舞台から退陣し、長い安倍政権の時代が幕を開けて、コロナ禍にあえぐ現在に至る。この間の政治の選択は誰がしたのか。どこかの誰かではない。主権者である僕たち一人ひとりだ。

ここでタイトルの意味は明らかになる。なぜ君は総理大臣になれないのか。実直で誠実で高い志を持つだけでは不十分なのか。国会議員の二〜三割は世襲議員という政界の現状。(特に自民党なら)派閥への忠誠と見返り。利権と裏金。清ではなくむしろ濁をしっかりと身のうちにとりこまないと、この国で政治家になることは難しいし、ましてや総理への道は遠い。そんな政治状況を選択して、容認しているのは、主権者であると同時に有権者でもある僕たち一人ひとりだ。ならば大島の挑発はどこに向けられているのか。それはもう書くまでもない。

『なぜ君は総理大臣になれないのか』(二〇二〇年)
監督/大島新
出演/小川淳也

〈二〇二〇年六月三〇日号〉

3 『竜馬暗殺』は社会の支持を失った左翼運動へのレクイエム

一九六〇～八〇年代に日本アート・シアター・ギルド（ATG）という映画会社があった。ベルイマン、ゴダール、トリュフォーなど決して商業的ではない監督たちの作品を配給し、大島渚や吉田喜重、寺山修司などアート系の映画製作も支援。直営館のアンダーグラウンド蝎《さそり》座やアートシアター新宿文化で上映していた。

一九七〇年代後半、安部公房の小説を勅使河原宏が映画化した『砂の女』を蝎座で観た。砂の穴に住む女と穴から逃げようとする男。これが初めてのATG体験だったはずだ。その後もATGの映画は何本も観ているが、直営館の後は名画座で上映されることが多かったので、蝎座や新宿文化で観たかどうかは思い出せない。一九七四年公開の『竜馬暗殺』もそのひとつだ。

主演は原田芳雄。他のキャストは石橋蓮司、松田優作、桃井かおり、中川梨絵。脚本は清水邦夫と田辺泰志で、撮影は田村正毅。監督は黒木和雄だ。つまり岩波映画製作所を中心としたドキュメンタリー系のスタッフが集結している。基本は16ミリモノクロだが、予算が足りずに一部8ミリで撮影したと、この時期に雑誌か何かで読んだ記憶がある。

初めて劇場で観たとき、まずは竜馬役の原田の格好良さに圧倒された。もちろん端正とかスタイリッシュとかの語彙が代言する格好良さではない。強度の近眼で女好き。剣術もさして強くはない。トイレでしゃがみながら姉の乙女に書く手紙の文面を考えるシーンもあれば、褌《ふんどし》ひとつで刺客から逃げ回るシーンまである。

でもとにかく格好いい。

自らが目指した革命が成就する前に竜馬は暗殺される。史実では革命は明治維新として成就するが、映画はそこまで描かない。後半に何度も登場するのは、仮装してはやし言葉の「ええじゃないか」を叫びながら集団で熱狂的に踊り狂う民衆の姿だ。

ここに時代が投影される。公開が一九七四年だから、企画はその数年前と考えられる。連合赤軍事件が起きた時期だ。まずは一九七二年二月のあさま山荘事件。連合赤軍のメンバー五人が管理人の妻を人質に山荘に立て籠もり、包囲した機動隊員と銃撃戦を行い、隊員二人と市民一人が命を失った。このころ僕は中学生。ほとんどの国民がテレビの生中継にクギ付けになったあさま山荘事件のときは、「学生がんばれ」的な周囲の大人たちの雰囲気を何となく感じていた。つまり安保闘争の熱気はまだ残っていた。でもその後に連合赤軍のメンバーたちが粛清の名の下に殺し合っていたことが明らかになり、その熱が一気に冷えた。言葉にすれば「いくらなんでも」という感覚だ。

こうして社会の支持を失った日本の左翼運動は壊滅的なダメージを受ける。反体制や左翼的運動を標榜しながらドキュメンタリーを撮っていた黒木和雄や田村正毅たちも同じ衝撃を受けたことは想像に難くない。映画に描かれる「ええじゃないか」は、個の理念やイズムなどひとまとめにのみ込む社会の集合無意識へのメタファーで、『竜馬暗殺』は自分たちへのレクイエムだ。

もちろん当時の僕にそこまでの見方はできない。その知識も視点もない。でも胸の裡《うち》で呼応する何かがあった。映画とはそういう存在だ。

『竜馬暗殺』(一九七四年)
監督/黒木和雄
出演/原田芳雄、石橋蓮司、中川梨絵、桃井かおり
〈二〇二〇年三月三日号〉

4 今なら貞子はクラウド保存され、スマホから出てくる?——ホラーの醍醐味を製作目線で考える

僕は人一倍臆病だ。特に心霊系は苦手だ。でも興味がある。まあ当たり前か。お化けが怖くない人はお化け屋敷に興味など持たない。怖いから見たいのだ。

そもそもお化けは何が怖いのか。お化けの正体が電気仕掛けの人形かアルバイトの大学生であることくらいは知っている。つまりお化けではなく、いつ、どこで、何が現れるのか分からない通路が怖いのだ。

これらのねじれた法則に気付かないと、ホラー映画は失敗する。霊が画面に登場する瞬間だけではなく、その前のシーン(通路)も重要なのだ。よく使われる手法は、極限まで不安をあおって霊が登場したと瞬間的に思わせて、でもそれは霊ではなかったと安心させ、次の瞬間に登場させる手法だ。リセットしたばかりだから、衝撃はさらに大きくなる。そしてこのとき、どのように登場させるかはさらに重要になる。

例えば、混雑したコンビニで客の中にいつの間にか心霊が交ざっていたという場面は、なかなか成立しない。だって日常的な外見では他の客と区別がつかないし、血みどろにしたり宙に浮かせたりしたら他の客が気付かないはずがない。

だからホラー映画製作者たちは登場シーンを必死に考える。主人公はコンビニのトイレに

入る。扉を閉めれば一気に店内の騒音が消える。用を済ませた主人公が振り返る。そこに霊がいる。ただしこのときも、ただ立っているだけではあまり怖くない。僕が監督ならば、振り返った主人公の目の前に天地が逆になった顔がある、という設定にする。つまり天井から逆さまにぶら下がっている。

心霊は非日常だ。自分たちとは異質な存在だからこそ怖い。『エクソシスト』で一世を風靡したリーガンの階段逆さ下り（スパイダーウォーク）が典型だが、理不尽で意味のないことに人は恐怖を抱く。スパイダーウォークは、『呪怨』の佐伯伽椰子や『テケテケ』などにも引き継がれている。でも下半身がなくて腕だけで移動する『テケテケ』が限界だろう。これ以上人間離れすると、妖怪ジャンルに移行して怖さは薄まる。

登場の仕方で最も成功したのは、一九九八年公開の『リング』の山村貞子だ。ＶＨＳテープに磁気として記録された彼女の怨念は、テレビ画面からこちら側にはい出してくる。このシーンは強烈だ。『リング』は大ヒットし、後に続くジャパニーズホラー・ブームの火付け役となった。ハリウッドでもリメークされ、監督の

中田秀夫は『ザ・リング2』でハリウッド・デビューを果たしている。

　でも現在、VHSテープは過去の遺物となり、テレビを家に置く人も少なくなったはずだ。ならば今の貞子はクラウド的空間に保存されて、スマホの画面から現れるのだろうか。書きながらそのシーンを思い浮かべたけれど、なんだか怖くない。そもそも大きさ的に無理だ。ついでに妄想する。無理な姿勢で階段を駆け下りようとしたリーガンや佐伯伽椰子は、手足が絡んで転んだら照れ笑いするのだろうか。天井の梁《はり》から逆さにぶら下がろうとしながら落下して床に激突した霊だっていたかもしれない。

　霊たちも大変だ。たまにはお疲れさまとねぎらいたい。それがラストシーンのホラー映画。まあどう考えてもヒットしないだろうな。

『リング』（一九九八年）
監督／中田秀夫
出演／松嶋菜々子、真田広之、中谷美紀
〈二〇二〇年三月一七日号〉

5 『人間蒸発』でドキュメンタリーの豊かさに魅せられて

　ドキュメンタリーの監督と思われている。……と書き出したけれど、確かにこれまで発表した映画作品は全てドキュメンタリーなのだから、この呼称は間違いではない。でも本人としては微妙に違和感がある。

　なぜなら映画を観始めた一〇代後半の頃は、ドキュメンタリーに関心はほぼ皆無だった。映画といえばドラマ。それが前提だ。ところが紆余曲折を経て（テレビドラマに携わるつもりで）入社した番組制作会社は、ドキュメンタリー制作に特化した会社だった。この時点で長女が生まれていた。また就活に戻る余裕はない。こうして僕のドキュメンタリー人生が始まる。

　だからこの時期の僕は、テレビ・ドキュメンタリーに関わる仕事をしながら、ドキュメンタリーの先達である小川紳介や土本典昭の名前すら知らなかった。AD（アシスタントディレクター）としての仕事が忙し過ぎたせいもあるけれど、ドキュメンタリー映画はテレビとは全く別の世界なのだと思っていたことも確かだ。

　テレビの仕事を始めて十数年が過ぎた頃、僕は『A』を発表して、ドキュメンタリー映画監督という肩書を付けられるようになった。そして次作の『A2』を撮っていた頃、『人間蒸発』という映画の存在を知る。『A』『A2』のプロデューサーの安岡卓治《たかはる》からこのタイトルを初めて聞かされたとき、それはＳＦ映画か、と聞き返してあきれられたことを覚えている。公開は一九六七年。監督は今村昌平。『神々の深き欲望』を発表する一年前だ。ドキュメンタリーを撮り続けるなら絶対に観ておくべき作品だ。そんなことを安岡に言われて『人間蒸発』を観た。何の前触れもなく失踪（蒸発）した婚約者の大島裁《ただし》を必死に捜し続ける早川佳江。地方への出張が多かった彼の足跡をたどって旅に出る彼女に、今村たち撮影スタッフと俳優の露口茂が同伴する。

手掛かりを探す過程で、佳江も知らなかった大島の過去が次々に明らかになる。自分は本当に愛されていたのか。大島の素顔がわからない。悩む佳江は、やがて露口に恋心を抱き、その思いを打ち明ける。そのシーンも盗撮されている。露口は当惑するが、スタッフルームでそれを知った今村は、これで映画が面白くなると大喜びする。

ここまで読んだあなたに念を押すが、これは劇映画ではない。大島も佳江も実在する市民だし、この数年後にテレビドラマ「太陽にほえろ！」にレギュラー出演する露口茂は、露口茂本人として被写体になっている。今村と撮影スタッフは自分たちの悪辣さを過剰なほどにさらす。テレビドキュメンタリーの現場ではスタッフが映り込むことは厳禁だし、まして自分たちの作為や狙いをさらすなど、さらにあり得ない。中立客観で不偏不党。それが前提なのだ。でもこの作品にはそんなバランスなどかけらもない。佳江や大島の個人情報や肖像権は蹂躙され、終盤には大島の過去の愛人が現れる。佳江の最も身近な女性だ。そして虚実を全てひっくり返すあの伝説的なラスト。

観終えて唖然とした。同時にうれしかった。ドキュメンタリーはこれほどに豊かなジャンルなのだ。ならばもう少し続けよう。そう思ってからもう一〇年が過ぎる。

〈二〇二〇年三月三一日号〉

『人間蒸発』（一九六七年）
監督／今村昌平
出演／露口茂、早川佳江

6 「顔の俳優」高倉健は遺作『あなたへ』でも無言で魅せた

高倉健は顔の俳優だ。

ずっとそう思っている。『網走番外地』や『昭和残侠伝』のシリーズは、さすがに時代が合わずほとんど観ていないが、東映専属時代の最後期の作品『新幹線大爆破』以降は、全てではないがほぼ観ているはずだ。

誰もが同意すると思うが、決して器用な俳優ではないし、もちろん演技派でもない。でも映画を観てしまう。だって顔がいいのだ。

売れる俳優の条件として、人柄が良いことは重要だ。映画の現場はキャストとスタッフが長く寝食を共にする。嫌な奴とは一緒の現場にいたくない。そして何よりも、内面は表情や声ににじむ。人は無意識領域でこれを感知する。演技ではごまかせない何かがある。

肩書の一つは映画監督だけどドキュメンタリーを専門にしてきた僕は、高倉健に会ったことはない。でも彼についての話はよく耳にした。あるベテラン俳優は、自分の出番がしばらくない「待ち」の状態なのに現場でずっと椅子に座らず立っているんだよ、と僕に教えてくれた。座ることを勧めても、みんなが仕事しているのだから立っています、と応じなかったのだという。高倉にはこの手の伝説が多い。半分を割り引いても、実際にそういう人だったのだろう。

決して端正ではない。よく見ればかなり武骨だ。しかも顔が大きい。長身だから立ち姿はトミー・リー・ジョーンズに似ている。表情は豊かではないし、大笑いとか号泣するイメージはない。だから平板な俳優なのか。違う。せりふがないときの表情がとても豊かで、しかも微妙。顔だけで気持ちが分かる。いや、「分かる」のではなく「伝わる」。

特に何かを決意するとき。何かをためらうとき。何かを願うとき。無言で唇を引き締め、一瞬だけ目が泳ぐ。かすかに吐息をつく。そんな微細な表情が言葉よりも豊かな思いを伝える。

例えば青函トンネル工事を描いた『海峡』。ラストで発破音とともにトンネルが貫通した瞬間、水にぬれた高倉の顔がスクリーンいっぱいに広がる。やはり台詞はない。顔だけ。でもそれで十分だ。何か事をなし得たとき、きっと人はこんな表情を浮かべる。その説得力がすさまじい。

高倉の作品は数多いが、今回は二〇一二年に公開された『あなたへ』を取り上げる。監督は『冬の華』や『鉄道員（ぽっぽや）』など多くの高倉の作品でコンビを組んできた降旗康男。高倉にとっては『単騎、千里を走る。』以来六年ぶりの主演映画だ。ちなみに出演作品としては二〇五本目。そしてこれが遺作になった。

遺骨を故郷の海に散骨してほしい。それが亡き妻の遺言。男はワンボックスカーで妻の故郷に向かう。典型的なロードムービーだ。道中で男は多くの人に会い、在りし日の妻を思い、人生について考える。よくできた映画ではない。現在と過去のカットバックがうまく整理されていないし、ラストもちょっと唐突だ。でも高倉の顔がいい。やっぱり語らない。無言の表情で気持ちを語る。だから観る側は想像する。そして切なくなる。観終えてしみじみ思う。日本にもこんな俳優がいたんだと。いやもしかしたら、日本だからこそ、なのかもしれない。

『あなたへ』(二〇一二年)
監督/降旗康男
出演/高倉健、田中裕子、佐藤浩市

〈二〇二〇年四月一四日号〉

7 強権にして繊細な男、若松孝二の青春を『止められるか、俺たちを』に見よ

それほど前ではないはずなのに、初めて若松孝二に会ったときの記憶がはっきりしない。時期も場所も分からない。もちろん名前は以前から知っている。地方から上京してきた映画かぶれの大学生にとって、監督の若松は圧倒的なカリスマだった。

誰かから紹介されたのかもしれない。カリスマは、トレードマークでもあるサングラス越しに僕をじっと見つめていた。いやこれもはっきりしない。若松に憧れる映画人などいくらでもいる。おどおどと挨拶する僕に、(いつものように)素っ気なく対応したのかもしれない。

ところがなぜか気に入られた。これも理由がよく分からない。でもそう言っていいと思う。若松が登壇する映画上映後のトークの相手に呼ばれたときは、監督のご指名です、とスタッフに言われた。飲み会にも何度か呼ばれたことがある。そんなときの若松はいつも座の中心で上機嫌だった。

カリスマは逸話が多い。監督になる前にヤクザの下働きをしていた話は有名で、「警官を殺すために映画監督になった」と事あるごとに口にしていた(実際、デビュー作『甘い罠』には警官を殺害するシーンがある)。助監督時代にはプロデューサーを殴ってクビになった。一九六五年に結成された若松プロダクションには、後に赤軍派に身を投じる足立正生や和光晴

生などが参加した。

映画業界には喧嘩《けんか》っ早い男が多い。僕も長谷川和彦監督に殴られた経験がある。その長谷川と乱闘した崔洋一監督に、映画業界で喧嘩がいちばん強いのは誰かかと尋ねたら、若松さんの強さは俺たちとは別格だよ、との答えが返ってきた。とにかくためらいがない。ガラスの灰皿が手元にあれば、後先は考えずにそれで思いきり脳天を殴る。あるいは相手の顔を水平に打ち抜く。眉間の骨が陥没する。

とここまで読めば、あまりに過激で乱暴過ぎると思うはずだ。確かに過激だ。徹底して反体制で反権力、おまけに苦労人だから金銭感覚はシビア。でもあなたに知ってほしい。共通の知り合いだった監督の葬儀で、若松がこっそり涙を拭う瞬間を目撃したことがある。シンポジウムで登壇した僕ともう一人の監督が言い合いになったとき、間にいた若松は普段の強面《こわもて》からは想像できないほど困惑してうろたえていた。乱暴なのに繊細。強権なのに気を配る。その落差が尋常でない。そもそも過激なだけの男なら、これほど多くの人たちから慕われた理由が分からなくなる。

その若松が交通事故で没してから六年後の二〇一八年、若松プロダクションの若い世代が初期の若松プロを舞台に、青春映画『止められるか、俺たちを』を撮った。内容はまさしくタイトルどおり。若松が強権だけのタイプではないこともよく分かる。

映り込んでいる若松プロ黎明期の男や女たちは、現在の若松プロに集う男や女たちの写し絵でもある。主人公の女性助監督をめぐるストーリーも実話なのだ。若松本人を演じるのは若松映画の常連である井浦新。監督は若松プロ出身である白石和彌。撮影も若松プロ常連の辻智彦。つまり本作はメタ構造の映画だ。ドラマでありながらメイキングでもある。

もしも若松がこの映画を観たのなら、「まったく無駄な金を使いやがって」とぶつぶつ言ってから、「飲みに行くぞ」とつぶやくはずだ。

『止められるか、俺たちを』(二〇一八年)
監督/白石和彌
出演/門脇麦、井浦新

〈二〇二〇年四月二八日号〉

8 最前線にいた元皇軍兵士一一四人が中国人への加害を告白――『日本鬼子』の衝撃

『日本鬼子』と書いて「リーベン・クイズ」と読む。中国語圏で日本人を指す蔑称だ。ただし中国の映画ではない。日本で制作されたドキュメンタリー映画だ。

満州事変で始まった日中戦争は一五年に及んだ。このとき最前線にいた皇軍兵士一一四人が、半世紀以上の時間が経過してから、中国兵士や一般国民に対する自らの加害行為を告白する。一一四人の中には捕虜の生体解剖や生体実験などを日常的に行っていた七三一部隊員もいるし、南京虐殺に実際に加担した兵士や、捕虜の大量処刑に関わった憲兵もいる。

すっかり年老いた彼らは自宅の居間や縁側、ホテルのロビーや診療所で、かつての加害行為を淡々と語る。村を襲撃した元兵士は家の中で幼児と共に震えていた若い妊婦をレイプしようとしたが抵抗され、髪をつかんで家から引きずり出して井戸にたたき込んだという。泣き叫びながら井戸をのぞき込もうとした幼児も滑り落ち、その後に彼は部下に命じて、井戸の中に手榴弾を投げ込ませた。

こうした顛末を淡々と話しながら彼は、自分の孫を膝の上に乗せている。そしてふと気付いたように、あのときの子どもとこの孫は同じくらいの年だったかも、とつぶやいた。

スタンリー・キューブリック監督はベトナム戦争が題材の『フルメタル・ジャケット』で、

兵士たちが壊れていく過程をドラマにした。人は本来なら人を殺したくない生きものだ。だから勇敢な兵士にするには、そのバリアーを崩さなければならない。海兵隊の訓練はその典型だ。ところがベトナム戦争後、兵士の多くが社会復帰できないほど壊れてしまったことにアメリカは気付く。ベトナム帰還兵のＰＴＳＤ（心的外傷後ストレス障害）がテーマの映画は、ほかにも『タクシードライバー』『帰郷』『ディア・ハンター』『ランボー』など数多い。イラク戦争後には『アメリカン・スナイパー』が話題になった。

僕は『日本鬼子』を、『Ａ２』が招待された香港国際映画祭で観た。日本兵の加害行為をテーマにした作品はそれまでにもいくつか観ていたが、そのほとんどは「上官に命令されて」「同僚が加害行為に加担したらしい」など、受け身で傍観者的な証言だった。ところがこの映画に登場する一四人は全て加害の当事者だ。語ることで閉じ込めていた記憶が喚起され、呆然としていることも共通している。衝撃だった。多くの中国（香港）人と一緒に映画を観ながら、僕はずっと歯を食いしばっていた。

この映画が公開されてからほぼ二〇年。日本では今も、南京虐殺はなかったとか、従軍慰安婦はいなかったと主張する人が後を絶たない。あの戦争はアジア解放が大義だ、気高い日本人がそんなことをするはずがない、と。人は環境によってケダモノにもなれば紳士淑女にもなるという認識をもてない。だから史実を認めない。直視しない。多くの人が使う「先の大戦」という呼称が象徴的だ。大東亜戦争とか三十年戦争とかアジア・太平洋戦争などの呼称は、右や左のイデオロギーと同化している。だから公の場では使いづらい。結果としてあの戦争には今もまだ明確な固有名詞が与えられていない。つまり日本は今も、あの戦争を客体視できていない。ならば自分たちの加害行為を歴史にできなくて当然だ。

上映が終わって出口に向かう通路を歩いていたら松井稔監督と擦れ違った。静かに握手を求められたけど、感想は何も言えなかった。「圧倒されました」とつぶやいたかもしれない。それが精いっぱいだった。

『日本鬼子（リーベンクイズ）　日中一五年戦争・元皇軍兵士の告白』（二〇〇一年）
監督／松井稔
ナレーション／久野綾希子

〈二〇二〇年五月一九日号〉

9 武士道と死刑制度――『花よりもなほ』で是枝裕和が示した映画の役割

二本目の映画『A2』の撮影がほぼ終わって編集作業に没頭していた二〇〇一年春、是枝裕和監督の新作映画『ディスタンス』の完成披露特別試写の案内が届いた。オウム真理教をテーマにした映画だとは聞いていた。カルト教団の無差別殺人に加担した五人の実行犯が事件後に教団に殺害される。その命日に遺族が集まって一夜を過ごす。自分たちは加害の側なのか被害の側なのか。是枝はあえて未完成の脚本を俳優たちに渡し、その微妙な心情を即興で演じさせる。

テレビでドキュメンタリーを撮っていた頃、是枝もよく同じ番組枠で仕事をしていた。でもその時代に話したことはない。是枝の映画デビューは一九九五年の『幻の光』。僕の映画デビューである『A』は一九九八年。この頃にも接点はない。だから、招待客が限定される特別試写に自分が呼ばれたことが少し不思議だった。見終えてロビーに出たら、多くの著名人に囲まれた是枝がいた。そのまま歩き過ぎて下へ降りるエレベーターを待っていたら、いきなり是枝が走り寄ってきて、「思いは同じです」とささやいて走り去っていった。

その五年後、是枝は『花よりもなほ』を発表する。時代劇だ。ずいぶん思い切ったなと思いながら劇場に足を運んだ。以下は是枝のウェブサイトから引用したストーリーの紹介だ。

時は元禄一五年。生類憐みの令が出ていた頃の泰平の世の中。青木宗左衛門(宗左)は父の仇《かたき》を討つべく江戸に出て三年。ところがこの男、剣の腕前がからきしダメなへっぴり侍だった！　愉快に暮らす長屋仲間の大騒動に巻き込まれ、赤穂浪士の仇討《あだう》ちともビミョーに絡み合い、事態は思わぬ方向へ。さて、宗左の仇討ちのゆくえやいかに?!

引用したけれど、これではよくわからない。カンヌ国際映画祭の受賞で話題となり大ヒットした『誰も知らない』と、やはり多くの海外映画祭で賞を獲得した『歩いても 歩いても』に挟まれたこの映画は、あまり話題にならなかったように記憶している。でも是枝の作家性を示す上で、とても重要な作品だ。

死刑制度の是非を論じるとき、日本では昔から仇討《あだう》ちという文化が認められていた(だから遺族に代わって国家が仇討ちするシステムが必要だ)と主張する人は少なくない。過去の文化や習俗を存続の理由にするのなら、日本では今も男はちょんまげで女はお歯黒をつけるべき、ということになる。そもそも仇討ちは、江戸時代なら人口の7%しかいなかった武士の規律であって、一般庶民に許されていたわけではない。さらに武士道を持ち出すなら、決闘を認める騎士道があったヨーロッパでは既に死刑を廃止している（例外は独裁国家として知られるベラルーシだけ）。……理論ではこのように反論できるけれど、死刑制度を下支えする世相は論よりも感情がベースになっている。

是枝と死刑制度について話したことはない。ただ映画を見れば、人が人の命を奪うことについてどのように考えているのか、それがよく分かる。もちろんこれは史実ではない。是枝の創作だ。でも見ながら気付く。武士がみな律儀で勇敢だったはずはない。武士道よりも家族の幸せを願う侍だっていたはずだ。むしろそのほうが普通かもしれない。定型を壊す。固定化した思い込みを覆す。それも映画の重要な役割だ。

『花よりもなほ』（二〇〇六年）
監督／是枝裕和
出演／岡田准一、宮沢りえ、古田新太、浅野忠信

〈二〇二〇年六月二日号〉

10 昭和天皇の写真を焼き、その灰を踏みつける――『遠近を抱えた女』を直視したなら

「あいちトリエンナーレ」の展示『表現の不自由展・その後』が一時中止に追い込まれた理由のひとつは、慰安婦の少女像（作品の正式名称は『平和の少女像』）と併せて、『遠近を抱えてｐａｒｔⅡ』が大きな争点になったからだ。

……と書きながら、『遠近を抱えてｐａｒｔⅡ』がどんな作品かを知っている人はどのくらいいるだろうと考える。でも「昭和天皇の写真を燃やす動画」といえば、ああそういえば、とか、あれだけは絶対に許せない、などと思う人は多いはずだ。

それは大浦信行の映画最新作『遠近を抱えた女』と、前作の『靖国・地霊・天皇』の映像の一部をコラージュした作品だ。昭和天皇の肖像写真（正確に言えば、大浦の過去の版画コラージュ作品の一部）を焼いて、その灰を女性が踏みつける。これに右翼が怒った。いや右翼だけではなく、多くの人がけしからんと怒った。「あれだけは許せない」と思う人に、「あれだけは」と感じる理由を考えてほしい。大浦の映画は観ることにより考察を要求される。その作業は自分の内面を掘り下げることにつながり、日本人を考察する上で新たな視点を提示する。……これまでの大浦の主張を要約して僕自身の視点を少しだけ足せば、そういうことになるだろう。

大浦はアーティストだが、『遠近を抱えた女』に至るまで五本の映画を発表している。僕よりも多い。ただしこれまでの映画は決して万人向けではない。大浦は映画を、観た人がもう一つの物語を作り上げるための記憶・イメージの装置と規定している。要するに解釈は自由だということ。それは、映画だけではなく全ての表現が共有する普遍的な前提だ。ただし「もう一つの物語を作り上げるため」の手がかりや足場をどれだけ提示するのか、どのように作品に仕込むのか、どこに誘導したいのかなどの要素は作品によって違う。安易過ぎれば感動や共感は薄くなる。難解ならば意図が届かなくなる。

実は大浦との付き合いは長い。これまでの作品は全て観ている。決して難解というわけではないが、「記憶・イメージ」するための補助線が薄い。作品の強度を優先し過ぎて観る側に不親切。映像ではなく言葉を浪費し過ぎる傾向がある。……あえて欠点を挙げればそういうことになる。

ついでに書けば、あいちトリエンナーレの問題が渦中の時期、大浦は「一部を切り取って批判された」ことに対して異議を唱えていた。それは全く正論。あの頃、多くのメディアは、一部どころか作品をしっかりと観ないままに批判していた。大浦が提起する自分の内面と天皇制の問題も、僕は全く共感する。だからこそ大浦に言いたかった。作品の一部を自ら切り取って提示すべきではない。誤読されて当たり前だ。

有料配信で公開された『遠近を抱えた女』を観て驚いた。娯楽性が非常に強い。映画としての完成度も高い。焼くという行為は「侮蔑」か「昇華」か。その判断は観た側に委ねられる。本来は劇場公開を予定していたのに、この時期に重なったことは不運だ。でもネットで観られる。特に「あれだけは絶対に許せない」と思った人に観てほしい。もちろん「記憶・イメージ」はあなたのもの。その規定など誰にもできない。

・

『遠近を抱えた女』(二〇一九年)
監督/大浦信行
出演/あべあゆみ、双鬼

〈二〇二〇年六月一六日号〉

II

20200728-20201222

11 虚と実が融合する『仁義なき戦い』は何から何まで破格だった

邦画を語るなら避けては通れないシリーズがある。まあ別に避けてもよいのだけど、邦画というジャンルと自分の今の映画観をセットで語るなら、「仁義なき戦い」シリーズは、やはり避けるわけにはいかない。

……などと書き始めると、映画として評価していないと思われるかな。もちろんそんなつもりは全くない。ならばなぜこんな歯切れの悪い書き方を僕はしているのか。理由の一つはこのシリーズがあまりにもメジャー過ぎるから。関連書籍も数え切れないほど多い。この連載で扱う意味があるのだろうかと思いつつ、その後の日本映画（もちろん僕自身も含めて）に与えた影響を考えれば、やはり避けるわけにはいかない。

一九七三年一月に公開された『仁義なき戦い』は大きな話題になり、同じ年に二作目と三作目が矢継ぎ早に公開された。一九七四年にはさらに二作品が作られてシリーズは終了するが、その年末からは「新仁義なき戦い」シリーズが始まる。

今回の原稿を書くために資料に当たって知ったのだけど、「新仁義なき戦い」シリーズ最終作は公開が一九七六年。つまりたった三年半でシリーズ八本が製作・公開されたわけで、今の邦画の状況ではちょっと考えられない。

大学時代に名画座で初めて第一作を観たとき、まずはドキュメンタリータッチ（当時の自分がそんな語彙を持っていたはずはないが）のカメラワークに驚いた。この時期の映画青年が好んで見る邦画の多くは（黒澤にしても小津にしても溝口にしても）カメラはフィックスであることが前提だった。

『仁義なき戦い』はまさしく（今で言う）手持ちブン回し。特に冒頭の男たちの乱闘シーンは、まるで闇市にいた誰かが偶然撮った映像のようだ。逃げるチンピラと追うヤクザ。それを追うカメラ。撮影の吉田貞次はニュース映像の出身で、実際の商店街で無許可のまま（業界用語でゲリラ）撮影することも頻繁だったという。小型カメラを隠して撮ったこともあったようだ。つまり俳優たちもカメラがどこにあるのか分からないまま演じていた。こうして虚と実が融合する。

さらに深作欣二監督は、時折スチールを挟み込みながら銃撃シーンを組み立てる。これも一昔前のニュース映像のようにリアルだった。とどめは俳優たち。菅原文太に梅宮辰夫、松方弘樹に渡瀬恒彦に金子信雄など大御所だけでなく、川地民夫に川谷拓三、曾根晴美など、とにかく

リアルなほどに悪党面の男たちだ。

広く知られたことであるが、広島に実在した美能組の初代組長だった美能幸三の獄中手記をベースにしているから、映画に登場するヤクザたちはほぼ全て実在している（あるいはしていた）。つまり実録だ。ただしこれは美能の視点。当然だけどフィクションだ。

でも一作目が当たってシリーズ化してからは、太秦の撮影所には毎日のように現役のヤクザたちが集まって撮影を見物し、時には自分を演じる俳優に演技指導もしていたという。とにかく何から何まで、今ならば絶対に不可能な作品だ。

ここで紙幅が尽きた。本当は脚本の笠原和夫について、あるいは映画と時代との相克について、文太さんについても書きたかったのだけど、やはりこの映画は巨大過ぎる。

『仁義なき戦い』（一九七三年）
監督／深作欣二
出演／菅原文太、梅宮辰夫、松方弘樹、金子信雄

〈二〇二〇年七月二八日号〉

12 無様なのにキラキラ輝く『ばかのハコ船』は原石のよう

「森さんはいつ帰国しますか?」

ぶらぶら歩いていたバンクーバーの裏通りでばったり会った富岡邦彦プロデューサーからそう質問され、「明日です」と僕は答える。

「『ばかハコ』観てくれました?」

「観てないです。なかなか上映時間が合わなくて」

「明日の飛行機は何時ですか」

「明日の夕方です」

「それなら一〇時半からの上映を観てもらえますか。山下も喜びます」

こうして二作目の映画『A2』が招待されたバンクーバー国際映画祭で、僕は『ばかのハコ船』を観た。

ただしここで描写した会話のうち、ほぼ半分は創作。富岡が「ばかハコ」と言ったか「ばか船」と言ったかははっきり覚えていないし、そもそも声をかけてきたのは富岡ではなく、監督の山下敦弘や脚本の向井康介だった可能性もある。でもこの二人はどちらかといえば人見知りする性格で、まだそれほど親しくなかったから、たぶん富岡だったと思う。

人はこうして記憶を作る。思い出したくない過去は抹消して、都合の良い記憶の断片ばかりを集めて編集する。だって、もしもその機能を持たなければつらくて苦い記憶ばかりが堆積し、人はその重さと恥ずかしさでたぶん発狂する。人生とはそれほどに無様《ぶざま》で単調で卑屈で不細工な日常の繰り返しだ。

とにかく僕は、カナダを離れる日の朝早くに『ばかのハコ船』を観た。午前中の早い回ということもあって、客席はまばらだった。いちばん後列の席には、山下や向井たちスタッフが座っていた。

大阪芸術大学の卒業制作として山下が監督した『どんてん生活』はこれ以前に観ているから、ジム・ジャームッシュやアキ・カウリスマキに例えられる山下の脱力した作風は知っていた。でもならば僕は、なぜバンクーバー映画祭で、それまでに何度か上映されていた『ばかのハコ船』を観ようとしなかったのだろう。おそらくだけど、理由の一つはタイトルに引かれなかったから。そしてもう一つは、日本に帰国してから観るチャンスはいくらでもあると考えたからだと思う。これに限らず海外の映画祭に呼ばれたときは、日本の配給会社が決して買わないよ

うな外国映画を優先して観ることにしている。邦画は後回し。街をぶらついたほうが楽しいと思ったのかもしれない。

結論を書けば(そしてこれは間違いなく事実)、観終わった僕はとんでもない映画を観てしまったと打ちのめされた。無様で単調で卑屈で不細工で凄《すご》い。そしてひりひりとリアル。どうやったらこんな演出ができるのか、どうやったらこんなシーンが撮れるのか、とにかく衝撃だった。

ストーリーは書けない。書いても意味がない。明確な起承転結はないし山場もない(強いて言えばラスト近くでマンホールに落ちる)。でも映画だ。映画でしかありえない作品だ。その後も山下と向井は作品を量産し続けている。つまりヒットメーカーだ。撮影の近藤龍人も話題作を撮り続けている。三人の大阪芸大の同期生は、今の日本映画にとって欠かせない存在になった。

しかしよほどの映画ファンでないかぎり、この作品は見逃していると思う。ほとんど話題にならなかった。だから断言する。三人の原点がここにある。無様で単調で卑屈で不細工。そして何よりも恥ずかしい。でもキラキラ輝く原石のような映画だ。

『ばかのハコ船』(二〇〇二年)
監督/山下敦弘
出演/山本浩司、小寺智子、細江祐子、山本剛史
〈二〇二〇年八月一一日/一八日合併号〉

13 九〇年代渋谷の援交を描く庵野秀明監督『ラブ＆ポップ』の圧巻のラスト

今回の作品の監督は庵野秀明。と書けば、『シン・ゴジラ』を多くの人は思い浮かべるだろう。でも違う。『シン・ゴジラ』はこの連載で取り上げない。……いや、断定はしないほうがいいか。もしも連載が何年も続いて観た映画がほとんどなくなったら、やれやれと吐息をつきながら取り上げるかもしれない。ただし今はまだ、『シン・ゴジラ』について論評しようとは全く思わない。

ということで今回は、『新世紀エヴァンゲリオン劇場版』制作終了後、庵野が初めて手掛けた実写映画『ラブ＆ポップ』だ。原作は村上龍。だからストーリーは知っていた。でも『新世紀エヴァンゲリオン』を監督した庵野がどのように実写映画を撮るのか（脚色はエヴァンゲリオン時代から庵野と組んでいた薩川昭夫）、その興味から劇場に足を運んだ。

主人公の裕美は女子高生。趣味は写真を撮ること。もうすぐ夏休みで、裕美は仲の良いクラスメイト三人と一緒に渋谷へ水着を買いに出掛ける。

これが発端。その後に裕美が国際的なシンジケートに誘拐されるとか、ひそかに憧れていた男子高校生が目の前で死んでしまうとか、渋谷の街に巨大な怪獣が現れるとか、映画的展開が始まるわけではない。

水着を買うために入ったデパートで、裕美はたまたま目にしたトパーズの指輪が欲しくてたまらなくなる。でも価格は一二万円。女子高生に買える金額ではない。ならば諦めるのか。諦めてこれまでと同じような日常を送るのか。諦めたくない。でも女子高生がデパート閉店までの限られた時間で、どうやったら一二万円を稼げるのか。

結論は一つ。援助交際だ。それしかない。

このあたりはいかにも村上龍的だ。何かをやりたいと思い付いたならば、思い付いた今すぐにやらなければダメなのだ。何かを欲しいと思ったのなら、あらゆる可能性を試すのだ。

ただし四人は、特に素行に問題があるワルではない。今どきの女子高生だ。こうして渋谷を舞台に、四人のささやかな冒険が始まる。まずは伝言ダイヤルに電話するが、そこで一騒動。誘いに応じる男たちは、いずれも彼女たちが知らなかった性癖の男たち。これ以上ないほどにグロテスクで悪趣味だ。その意味ではアメリカン・ニューシネマの代表作のひとつである『真夜中のカーボーイ』の女子高生版。彼女たちは惑う。これが年配の男性のスタンダードなのか。普通なのか。みんなこうなるのか。

まだドローンもない時代にどうやってこのショットを撮ったのかと（自分も一応プロなのに）首をひねりたくなるようなカメラワークがとにかく斬新。消費とは何か。欲望はどこまで肯定すべきか。消費のために自分の体を誰かに消費させる。その循環に意味はあるのか。冷蔵庫の中で凍った犬。いつか結婚して母になる。自分を大切にするとはどういうことか。でも私は凍った犬を抱き締めた。カットバックするショットと女子高生たちの言葉とナレーションがシンクロする。そして印象的なラスト。いつの間にか渋谷川に入る四人をカメラは撮り続ける。ただひたすら撮り続ける。

冒頭では躊躇したけれど、これは断定する。これまで観た無数の映画の中で、間違いなくベスト三に入るラストカットだ。

『ラブ&ポップ』（一九九八年）
監督／庵野秀明
出演／三輪明日美、工藤浩乃、希良梨、仲間由紀恵

〈二〇二〇年九月一日号〉

14 ロマンポルノの巨匠が紡ぐ『(秘)色情めす市場』は圧倒的な人間賛歌

ニューヨーク・タイムズがベトナム戦争の政府機密文書ペンタゴン・ペーパーズを一面でスクープして大きな話題となり、連合赤軍が榛名山の山岳ベースで同志たちの殺戮を続けていた一九七一年、日活は業績悪化の打開策としてロマンポルノ路線に舵を切った。つまり成人映画。この時期に中学生だった僕は、さすがにリアルタイムには観ていない。

でも大学に入って映画研究会に所属してからは、都内の名画座に通い続けて、かなりの数のロマンポルノを観た。ロマンポルノの条件は「一〇分に一回の濡《ぬ》れ場があること」と「尺は七〇分前後であること」。それさえ守れば、監督たちは自由に作ることができた。だからこの時期、神代《くましろ》辰巳や曾根中生など既に大御所となっていた監督だけではなく、石井隆や金子修介、崔洋一に周防正行、相米慎二に滝田洋二郎、森田芳光など多くの新鋭（まだまだいる）がロマンポルノに集結した。

印象に残る作品はたくさんあるが、『(秘)色情めす市場』を観たときの衝撃は圧倒的だった。劇場は池袋の文芸坐。例によってオールナイトだったはずだ（一本当たりの単価を考えればオールナイトがいちばん効率的なのだ）。夜が明けて白み始めた劇場の外に出て、始発電車が走り始めたばかりの池袋駅に向かいながら、僕は（睡眠不足だけが理由ではなく）真っすぐ歩けないくらいに衝撃を受けていた。

舞台は大阪の釜ヶ崎。いわゆるドヤ街のあいりん地区だ。主人公は娼婦のトメ。明治や大正期じゃないのにトメだ。彼女の母親も娼婦で、名前はよね。トメはよねが路上で産み落とした。

一九七四年製作なのに画面はモノクロ。実際にあいりん地区のロケなので、一昔前のドキュメンタリーを観ているような気分になる。よねを演じるのは花柳幻舟。日本舞踊の花柳流名取となりながら「家元制度打倒」を訴えて傷害事件を起こし、一九九〇年の天皇即位パレードで爆竹を投げて逮捕された女性だ。とにかくすさまじい生涯。最近は名前を聞かないけれど、どうしているのだろうと考えてネットで検索したら、昨年二月に群馬県で転落死していたと知った。彼女らしい最期だ。享年七七。圧倒的に個性的で過激で、そして奇麗な女優だった。

トメを演じるのは、（やはり伝説的な存在の）芹明香。薬でラリっている（死語かな）役をやらせれば日本一うまい。いや「うまい」のレベルではなく、鬼気迫るものがある（本当にラ

りっているんじゃないかとよく話題になった）。監督は神代辰巳と並びロマンポルノの巨匠と称された田中登。

　ドヤ街に生きる季節労働の男たちと、自分の体を売る女たち。むき出しの暴力と欲望。生と性が重なりながら明滅する。でも絶望しない。田中登は絶対に生を否定しない。人間賛歌なのだ。登場する女や男たちは皆、自分の生にこれ以上ないほどに前向きだ。悶《もだ》え続け、その悶えの声が性の愉悦に重なる。トメには重度知的障害を持つ弟がいる。演じるのは夢村四郎。ラスト近く、ニワトリが飛べないことに絶望した弟は（トメと体を重ねてから）、一人で通天閣に向かい、これをよじ登る。

　……この先は書かない。いや書けない。観てほしい。四〇年前に僕が体験した圧倒的な感覚を、（大きなスクリーンでないのは残念だけど）ぜひあなたにも共有してほしい。

『（秘）色情めす市場』（一九七四年）
監督／田中登
出演／芹明香、花柳幻舟、夢村四郎、萩原朔美

〈二〇二〇年九月二九日号〉

15 一人の男と二人の女、突き放される三人の子ども 本当の「鬼畜」は誰なのか

『鬼畜』の舞台となるのは関東の地方都市。宗吉は小さな印刷屋を営む、地元ではそれなりの名士だ。妻であるお梅との間に子どもはできなかった。仕事の合間に宗吉はふと思う。小さくとも一国一城の主に俺はなった。妾《めかけ》の一人くらいいて何が悪い。こうして宗吉は、行きつけの料理屋で下働きしていた菊代を妾として囲う。

現職の代議士が妾の存在を隠さなかった時代だ。でも小心者の宗吉は、菊代の存在について妻に内緒にしていた。それから七年が過ぎた。印刷屋の経営は順調だ。菊代との間には三人の子どもができている。

ところが予期しなかった災害が印刷屋を襲う。火事だ。印刷機器など設備の大半を失い、再建しようにも得意先のほとんどを大手の印刷会社に奪われ、銀行も融資しようとはしてくれない。零細経営であったからこそ凋落は早い。月々の生活費をもらえなくなって困窮した菊代は、三人の幼い子どもの手を引いて印刷屋に乗り込んできた。全てを知ったお梅は激怒し、菊代は翌朝に三人の子どもを残して姿を消す。

気弱な宗吉を演じるのは緒形拳。気が強くて宗吉を罵倒するお梅は岩下志麻で、負けずに気が強くて宗吉を責め立てる菊代は小川真由美だ。このキャスティングが素晴らしい。政治

家は組閣のときに適材適所という言葉を気安く使うが、三人のキャスティングはまさしく適材適所だ。

　監督は野村芳太郎。その代表作は何といっても脚本に橋本忍と山田洋次を起用した『砂の器』だが、ほかにも『張込み』『わるいやつら』など松本清張の原作を、数多く映画にしている。ならば社会派監督と書きたくなるが、野村のレパートリーは喜劇に時代劇、メロドラマに音楽映画など幅広く、量産型のいわゆるプログラムピクチャー全盛時代の松竹を支えた職人監督の顔も併せ持つ。

　子煩悩な宗吉は三人の子どもたちと一緒に暮らすことを望むが、全くその気のないお梅は、子どもたちにつらく当たる。まさしく鬼母だ。でも気弱な宗吉はお梅に何も言えない。
　やがて幼い次男は衰弱死し、長女は宗吉が東京タワーに連れて行って置き去りにする。最後に残された六歳の長男だけは手元に置いておきたい。でもお梅はそれを許さない。長男の手を引いて、宗吉は能登半島に向かう。長男を殺すために。
　松本清張が書いた原作は、検事から彼が聞いたという実話をベースにしている。鬼畜は誰なのか。おなかを痛めた三人の子どもを置き去りにした菊代なのか。宗吉を責め立てて犯罪に追い込んだお梅なのか。泣きながらではあっても、実際に手をかけた宗吉なのか。

既に大女優として不動の地位にいた岩下志麻と小川真由美が、とんでもない悪女を演じる。それも女優が演じる（凛とした）悪女ではなく、首筋に汗の粒を浮かべ、貧困と疲弊を身にまといながら男を罵る悪女だ。そしてその二人に責められ続けて、おどおどと言い返せない緒方の演技も素晴らしい。

ラストの言葉は予期できなかった。初めて観たのは二〇代の頃だったから、今ほど涙もろくはなかったはずだけど、名画座の暗がりで一人、ぐすぐすと洟（はな）をすすっていたことは確かだと思う。

『鬼畜』（一九七八年）
監督／野村芳太郎
出演／緒形拳、岩下志麻、小川真由美

〈二〇二〇年一〇月一三日号〉

16 『絞死刑』は大島渚だから撮れた死刑ブラックコメディー

教えている大学のゼミは、フィールドワークを中心的なコンセプトにしている。つまり座学ではなく外に出ること。テーマを設定したら、いろんな場所に足を運び、いろんな人に会って話を聞く。

学生には、自分たちの特権を十分に行使しろと伝えている。インタビューを申し込まれたとき、メディアなら断るけれど学生からの依頼だから特別に応じると答える人は少なくない。そもそも卒業して社会人になれば、多忙な日常が待っている。ふと気になったことを、ネット検索ではなく実際に足を運んで調べることなどまずできない。

テーマは基本的に学生たちが選ぶ。定番はメディア、差別、宗教、選挙の年は選挙制度、数年前までは原発関連も多かった。そして死刑制度。死刑制度をテーマにするときは、まずゼミ生たちに賛成か反対かを聞く。毎年七対三くらいの割合で賛成が多い。世論調査では八対二で死刑賛成だから、まあ順当な数字なのだろう。

そして班に分かれてフィールドワーク。冤罪をテーマにした班は弁護士や冤罪被害者に会いに行く。死刑反対のロジックをテーマにした班は、死刑廃止を訴える市民団体や弁護士にインタビューする。死刑存置をテーマにした班は、被害者遺族にインタビューする。全ての班に共通して与える課題は、実際の死刑囚への接触だ。東京拘置所には必ず行かせる。できれば死刑囚に面会する。その感想は毎年ほぼ同じ。「あまりに普通の人でびっくりしました」

死刑制度に賛成か反対かは二の次だ。まずはシステムとしての死刑制度を知ること。実際の死刑囚に会うこと。その上で一人ひとりが考えればいい。その思考や煩悶に、書籍や映画は重要な補助線を提供する。

そのおすすめの一つが『絞死刑』だ。製作は、松竹を大げんかの末に退社した大島渚が仲間と立ち上げた「創造社」。日本アート・シアター・ギルド（ATG）が独立プロダクションと製作費を折半する「一千万円映画」の第一弾でもある。スタッフ、キャストはほぼ大島組。実際に起きた小松川高校事件を題材にしているが、全体のトーンはスラップスティックなブラックコメディーだ。

強姦致死等の罪で死刑囚となった在日朝鮮人Rの刑が執行された。しかしなぜかRの脈は止まらず、さらに蘇生したRは記憶を失っている。つまり罪の意識がない。ならば処刑できない。思い出させなければならない。刑務官や医務官、検事や教誨師たちは、Rが行った犯罪の一部始終や家族との日常を、寸劇で演じてRに見せる。Rが徐々に記憶を取り戻すとともに、民族差別の理由や官僚制度の矛盾、そして死刑制度の意味についての疑問符が観客たちにも突き付けられる。

終盤に明らかになるラスボスの存在を、大島組常連の俳優である小松方正が、まさしく全身で体現する。

断言するが、ほかの誰にもこんな映画は撮れない。映画を通して国家権力と闘い続けた大島渚そのもの。でもチームワークの映画でもある。

フィールドワークを終えたゼミ生たちは、死刑制度について悩み始める。賛成と反対が拮抗する。分からなくなりましたと吐息をつく。

うん。それでよい。大切なのは知ること。知って自分で考えること。そして映画は一人ひとりの思考や煩悶に、とても重要な補助線を提供してくれる。

『絞死刑』（一九六八年）
監督／大島渚
出演／佐藤慶、渡辺文雄、石堂淑朗、足立正生
〈二〇二〇年一〇月二七日号〉

17 小津安二郎の『東京物語』はイメージよりもエグイ……でもやっぱり窮屈

大学の映画サークル時代、小津安二郎の作品は、教養として観ておかなければいけない映画の筆頭だった。でもどちらかといえば洋画派で、しかもスピルバーグとアメリカン・ニューシネマが大好きだった僕は、小津の作品を積極的には観なかった。代表作である『東京物語』は名画座で（半ば義務感で）観ているはずだが、その内容はほとんど記憶にないし、その後も小津の他の作品を観ようとは思わなかった。つまり「刺さらなかった」のだろう。

それから四〇年近くが過ぎて、僕の感受性もずいぶん変わったはずだ。そう考えながら再見して、こんなエグイ映画だったのか、と驚いた。もっと微温的で、ほんわかした家族愛の映画のような印象を持っていた。

黒澤明を別格にすれば、小津は世界でも最も敬愛される日本の映画監督といえるだろう。ゴダールにキアロスタミ、ヴェンダースにジャームッシュにカウリスマキなど、多くの巨匠たちが小津の作品へのオマージュを自らの作品で示している。カメラは絶対にフィックス。徹底したロー・ポジション。二人の会話を撮るときには、二人の位置を結ぶイマジナリーライン（自然に見えるアングル）を無視して、カメラに向かってそれぞれしゃべらせる。決して俳優たちのアドリブを許さない。「僕の作品に表情はいらない。能面でいってくれ」と小津に言われたことを、笠智衆は後に明かしている。

その笠が演じる年老いた父親と東山千栄子演じる母親。末娘の京子（香川京子）と尾道で暮らす二人は、東京に暮らす子どもたちを訪ねるために上京する。久しぶりに会った長男（山村聰）とその嫁（三宅邦子）、長女（杉村春子）とその夫（中村伸郎）たちは、二人が到着した日はかいがいしくもてなす。だが、仕事や日常に忙しい彼らは次第に二人を持て余すようになり、せっかくの機会だからゆっくり湯治してくださいと言い訳して熱海へ追いやってしまう。

当初は子どもたちのプレゼントに喜ぶ二人だが、長女が見つけた格安の宿は若者向けだったらしく、二人が休む部屋のすぐそばの大広間では夜中まで若者たちが大騒ぎだ。
大勢の哄笑や奇声が聞こえる部屋で二人が悶々と布団の上で寝返りを続けるシーンは、観ていてかなりつらい。戦争映画やホラー映画など残酷で凄惨なシーンはさんざん観ているはずなのに、ある意味でそれ以上に胸が痛くなるシーンだ。戦死した次男の妻である（つまり血のつながりのない）紀子（原節子）だけが温かく二人に接することで、実の子どもたちの薄情さ

はさらに浮き彫りになる。

でも長男も長女も、実際に情が薄いわけではない。彼らにはそれぞれの家族や生活がある。夫を亡くした紀子は、義兄や義姉に比べれば自由に動ける。当たり前なのだ。

二人が東京から尾道に戻ると同時に、誰も予期せぬことが起き、実家に集まった子どもたちは悲報に号泣する。これも当たり前。つまり普通なのだ。でも人の普通の日常は、時としてとても酷薄だ。時には誰かを激しく傷つける。それが世界。それが日常。なるほど。深い。

結論。二〇代前半で何も考えていなかった僕は、『東京物語』をちゃんと理解できていなかった。その発見はあったけれど、やはり小津映画は、僕にとっては窮屈だ。

『東京物語』（一九五三年）
監督／小津安二郎
出演／笠智衆、東山千栄子、原節子、杉村春子

〈二〇二〇年一一月一〇日号〉

18　冷酷で優しい『永い言い訳』は女性監督の強さ故か

今さら書くまでもないことだけど、映画は社会の空気や動きに対して敏感であらねばならない。当然だろう。社会のある断面を切り取り、そこにテーマやメッセージ、願いや思いを投射するのだ。社会と分離していては成り立たない。ところが映画監督という職業にフォーカスしたとき、社会の動向からとても遅れている要素があることに気が付いた。ジェンダーだ。

もちろん、男女差別や女性の社会進出をテーマにした映画は少なくない。特に最近は増えている。問題は監督だ。圧倒的に男が多い。世界的にその傾向が強いけれど、特に日本映画において、この傾向は顕著だ。この連載でも、これまで女性監督の作品を取り上げたことは一度もない。

実は今回、こんな書き出しにするつもりはなかった。でもふと気が付いた。例えば文芸や漫画など他の表現分野の担い手に比べ、映画監督は圧倒的に男性が多い。理由は分からない。制作現場における監督を頂点とするヒエラルキーが、封建的で男性優位な構造となじみやすいのか。あるいは体育会系のノリなのか。誰か教えてほしい。

ただし今回は、意識的に女性監督の作品を選んだわけではない。原稿を書こうとして、そういえば初めての女性監督だと気が付いた。つまり選んだ理由は純粋に作品。連載が決まったときから、西川美和はいつか書かねば、と思っていた一人だ。

『蛇イチゴ』と『ゆれる』にはとにかく圧倒された。『ディア・ドクター』も脚本の妙に驚かされた。今回取り上げるのは最新作『永い言い訳』。これまでの全ての作品と同様、西川は監督だけでなく脚本も自分で書いている。

やはり改めて実感するのは、ディテールの描写だ。とにかく繊細。立ち上がった幼い女の子が駆け寄ろうとして布団につまずく（あれが演出ならすごい）。カップヌードルを喉に詰まらせた陽一（竹原ピストル）が咳き込むタイミングの絶妙さ。なぜ学芸員の鏑木を吃音《きつおん》という設定にしたのだろう。微細な要素が複雑に絡み合い、壮大なゴシック建築のように映画として屹立《きつりつ》してゆく。

ただし西川は物語を壊す。主人公の衣笠（本木雅弘）は相当に下劣で自分本位な男だ。テレビドキュメンタリーの被写体になることを承諾したときは、僕は観ながら「受けるのかよ」と思わずつぶやいた。ストーリーテリングの定石としては、絶対に拒絶する場面だ。ラストの出版（ネタバレになるから詳しくは書けないが）にも、「結局は書いたのかよ」と吐息をつきたく

なった。

要するに破調と乱調。これが随所にちりばめられている。その帰結として、登場人物への安易な感情移入を西川は拒絶する。共感したくなるとはぐらかされるのだ（だからこそ違和感を持つ人は少なくないと思う）。人はあくどいと同時に切ない。冷酷なのに優しい。相反する要素がきしみながら絡み合って物語を紡ぐ。

子どもへの演出の秀逸さは、師匠である是枝裕和譲りなのだろうか。最後に軽薄なタイアップ曲を使って余韻をぶち壊す作品は多いが、抑制しながら細部までしっかりと作り込まれた音楽も見事だ。頑固なのに繊細。あらゆる破綻や二律背反を身のうちに抱え込む西川は、とても強い女性なのだろう。……いや、そもそも女性が強いのか。

『永い言い訳』（二〇一六年）
監督／西川美和
出演／本木雅弘、竹原ピストル、藤田健心、白鳥玉季
〈二〇二〇年一一月二四日号〉

19 騒音おばさんを映画化した『ミセス・ノイズィ』はまるで現代版『羅生門』

『ミセス・ノイズィ』というタイトルを目にしたとき、あの騒音おばさんのことだろうかと思う人は、決して少なくないはずだ。僕もその一人。あの騒動を思い出した。それは決して心地よい記憶ではない。

二〇〇五年、奈良県生駒郡の主婦の存在が、テレビとネットを中心にいきなりクローズアップされた。主婦はCDラジカセで大音量の音を流し、あるいは早朝にベランダに干した布団を大きな音を立てながらたたき、さらに音に合わせて「引っ越し、引っ越し！」などと大声で叫ぶ。

こうした行為が隣家に対する嫌がらせであることは明らかだ。しかも度が過ぎる。映像は面白おかしくテロップなどを付けられてネットで拡散し、テレビのワイドショーは毎日のように放送した。スタジオに生出演していた自民党の元閣僚が、彼女に対して放送禁止用語を口走ったことも話題になった。

ネットはまあ当然としても、多くのテレビ番組も主婦の顔にモザイク処理を施していない。観ながら違和感を持ったことを覚えている。普通ならこの程度の軽犯罪の容疑者の顔はさらさないし、そもそも彼女はまだ容疑者ですらない。無罪推定原則だってある。

でもこのときはその抑制が働かなかった。理由はよく分からない。騒動が大きくなる前に、隣家から訴えられた主婦が敗訴していた既成事実があったからなのか。あるいは顔をさらしたほうがインパクトは大きくなるとの計算が、日頃の抑制を上回ったのか。以下はＢＰＯ（放送倫理・番組向上機構）のウェブサイトに掲載されている市民からの意見だ。

「奈良の『騒音おばさん』事件では、彼女は極《ご》く限られた範囲の人達に迷惑を掛けただけなのに、モザイク無しの映像を流された結果、全国に顔を知られるところとなった」

僕もこの意見に同意する。メディアは報道機関であって懲罰機関ではない。でもこうやって（視聴率獲得という本音を隠しながら）社会的制裁に出るときがある。

主婦は訴えられて有罪判決を受けたが、その裁判の過程で、家族が難病で苦しんでいたことや、心身が追い詰められていたことなどが明らかになった。そもそもこの映像は隣家が設置した監視カメラのものらしい。誰がテレビ局に持ち込んだのだろう。何かとても嫌なものを感じる。

映画はまさしく、実際に起きた騒動そのままの設定だ。ならば実録なのか。いやそうではない。主人公は女性小説家に脚色されている。彼女と夫との間には幼い娘がいる。新居に引っ越してきた翌日から、隣の主婦がベランダで布団をたたく音に彼女は悩まされる。だから執筆が進まない。夫との関係もぎくしゃくしてくる。

主人公は隣の主婦をモデルにした小説を書くことで反撃に出る。そのタイトルは「ミセス・ノイズィ」。やがて些細な行き違いや誤解が、少しずつ大きな亀裂になってゆく。

ここまでの僕の説明は、ほぼ最初の三分の一。その後の展開は全く予想を超えていた。提起される問題は「SNS炎上」や「メディアリンチ」。でもそれにとどまらない。観ながら実感する。映像は一面しか伝えない。アングルが変われば事実は変わる。つまりこれは現代版『羅生門』だ。これ以上は説明できない。あとは劇場で体験してほしい。

『ミセス・ノイズィ』(二〇二〇年)
監督/天野千尋
出演/篠原ゆき子、大高洋子、長尾卓磨、新津ちせ

〈二〇二〇年一二月八日号〉

20 塚本晋也が自主制作映画『野火』で描いた、戦争の極限状態と日本兵の人肉食

一九八〇年代後半以降の日本映画界には、自主制作映画を経て商業映画に進出した映画監督が多い。この連載でこれまで取り上げてきた監督たちも、半分以上は自主映画出身だ。

塚本晋也が一九八九年に一〇〇〇万円の予算で製作した『鉄男』を初めて観たときは驚いた。いや、驚いたのレベルではなくあきれた。どうかしている。なぜここまでやるんだ。観ながらずっとそんなことを考えていた。16ミリモノクロ。でも映画は自主制作の域をはるかに超えていた。CGなどない時代にほぼ全編が特撮。とにかく細部にこだわる。生半可な決意では作れない映画だ。

塚本や僕の世代は8ミリか16ミリフィルム。その後にデジタルビデオが普及して、さらにミニシアターも増えて、近年は『カメラを止めるな!』など自主制作映画がそのまま劇場公開される例も増えている。

『鉄男』以降の塚本は多くの商業映画の監督や俳優として活躍し、二〇一五年に再び自主制作映画『野火』を発表した。原作は大岡昇平。レイテ島で敗残した日本兵たちの物語。この映画で塚本は脚本・監督・撮影・主演・製作を全て担当している。まあこれは彼のいつものスタイルだ。

『野火』の映画化は二回目だが（一九五九年に市川崑が映画化している）、本作はリメイクとは微妙に違う。なぜなら市川は原作における人肉食のシーンを巧妙に回避した。しかし塚本は外さない。バリバリだ。自主映画だからこそ思い切り描いたのか、あるいはこの要素を外さないからこそ資金集めに苦労して自主制作映画になったのか、本人に聞かなければ分からないけれど、おそらく両方だと思う。

島に敗残した日本兵たちは、ぼろぼろの軍服を身にまといながら、食料を求めて島内をさまよい歩く。米軍のジープを見つければ迷うことなく白旗を掲げて救いを求めようとするが、ジープに同乗していた島の女性にあっさり撃ち殺される。つまり日本兵は徹底して現地の人たちに憎まれていた。アジア解放の理念などかけらもない。実際に主人公は別の女性を撃ち殺している。

音の映画だ。銃弾が肉体を引き裂く痛みや身体の中で跳弾して内臓を引き裂くイメージが、硬質な音によって喚起される。しかも寄り（アップ）の映像が多い。理由は単純。自主制作で資金が乏しいから。ロングにしたらいろいろばれてしまう。

だから画面の半分近くは、無精ひげを生やして鼻水を垂らしながら泥で汚れた男たちの顔のアップ。飢えて死にかけた兵士たちは、終盤で殺し合う。互いを貪り食うために。

映画を観ながら気付く。これは要するにゾンビ映画だ。

レイテ島で米軍の俘虜《ふりょ》となった自らの体験を基に書いた『俘虜記』から三年後に、大岡は俘虜となる前をテーマにした『野火』を発表した。主人公を狂人に設定したことでフィクショナルなトーンは強くなったが、人肉食も含めて、大岡が実際にレイテ島で体験した事実なのだろう。

ゾンビ映画はまさしく現代のファンタジーだが、人を極限状況に追い込む戦争はほぼ同じ世界をリアルに現出する。構想二〇年。塚本にとっては執念の自主映画だ。とにかく痛い。汚い。悲惨だ。救いがない。だから実感する。それが戦争だ。

『野火』(二〇一五年)
監督/塚本晋也
出演/塚本晋也、リリー・フランキー、中村達也、森優作

〈二〇二〇年一二月二二日号〉

III

2021 0112-2021 0622

21 『太陽を盗んだ男』は今ならば絶対に撮れない、荒唐無稽なエンタメ映画

大学を卒業した翌年だったと思う。いや待てよ。単位が足りなくて卒業できずに四年生を二回やったから、まだ大学に籍はあったかもしれない。

とにかくその時期、アパートの部屋にあった電話機が鳴った。かけてきたのは、大学で同じ映研に所属していた黒沢清だ。

この時期の黒沢は、長谷川和彦監督（ゴジさん）の新作の制作進行をやっていた。急な話なのだけど、と黒沢は切り出し、明日のロケに役者として参加できないか、と言った。

この時期の僕は、新劇の養成所に研究生として所属していた。つまり役者の卵。卵のまま孵化しなかった。相当にハイレベルな若気の至りだ。

思わず沈黙した僕に、ジュリーに間違われる役なんだ、と黒沢は言った。『青春の殺人者』で大きな話題になったゴジさんの新作で、しかもジュリーに間違われる役。断る選択などあり得ない。

翌日、集合場所である渋谷の東急デパートの屋上で、ゴジさんに挨拶した。緊張してて何を言われたか覚えていない。チーフ助監督の相米慎二が、とても優しかったことを覚えている。テレビで言えば末端のＡＤに当たる黒沢は、汗をかきながらスタッフとキャストの弁当

を運んでいた。

それから数カ月後、初号試写に呼ばれた。初めての映画出演。でも僕が映り込んでいるカットは一瞬で終わった。アップも撮られたはずなのに、短い台詞《せりふ》とともにすべてカットされていた。

だからこのとき、映画を冷静に観ることはできなかった。その後に封切りを劇場で観たのだろうか。名画座かもしれない。その内容を一言にすれば荒唐無稽。特にラストの刑事（菅原文太）と主人公の中学教師（沢田研二）との闘いは、多くの人が言うようにリアリティーをほぼ放棄している。徹底したエンタメだ。

でも荒唐無稽なだけの映画ではない。実は周到に推敲された脚本だ。映画の冒頭で、中学教師が乗るバスをジャックして皇居に突撃する旧日本軍の軍服姿の老人が登場する。主人公と刑事の因縁の伏線となるエピソードだが、文脈的には昭和天皇の戦争責任を暗示している。どう考えても摩擦係数が高すぎるオープニングだ。でもゴジさんはこのエピソードにこだわった。
盗み出したプルトニウムで原爆を作った中学教師は、国家に対峙することを決意するが、テ

レビのプロ野球中継を試合終了まで見せろとかローリング・ストーンズを日本に呼べなどの要求しか思い付けない。

皇居に突撃する理由を、「(陛下に) 息子を返していただく」と老人は宣言した。その後の皇居突撃（前半は無許可のゲリラ撮影だ）や原爆を作るというプロットも含めて、今ならば絶対に撮れないシーンが続く。

具体的なプランを持たない中学教師は、世代的には団塊のはずだ。つまり全共闘世代。連合赤軍事件をきっかけに、彼らの国家に対する闘いは終息した。あの時代は何だったのか。同世代のゴジさんの怒りと嘆息の声が聞こえる。

この映画を撮った後にゴジさんは、次は連合赤軍をテーマにした映画を撮ると宣言したが、それは今も果たされていない。でもまだ間に合う。観たい。今だからこそ観たい。心の底からそう思う。

『太陽を盗んだ男』（一九七九年）
監督／長谷川和彦
出演／沢田研二、菅原文太、池上季実子、北村和夫

〈二〇二一年一月一二日号〉

22 日本にも憤る市民、米兵の悲しげな表情……『Little Birds』が伝える加工なきイラク戦争

大学を卒業した綿井健陽は、埼玉県の工場で期間工として働き、そこでためた資金を元にカメラなど機材を購入して、一九九七年にようやくフリージャーナリストになった。とはいえ国家免許や資格があるわけじゃない。自称した瞬間に誰だってフリージャーナリストになれる。

ただし綿井は自称だけではない。その後にスリランカ民族紛争やパプアニューギニアの津波被害、東ティモール紛争に米軍のアフガニスタン侵攻などを現地で取材し、写真や文章で発表し続けた。この頃の彼の肩書の一つは戦場ジャーナリスト。時代はちょうどカメラがアナログからデジタルに変わる時期だ。綿井が発表する映像も、スチールだけではなくデジタルの動画が多くなっていた。

大きな転機は二〇〇三年三月二〇日。アメリカがイラクに軍事侵攻したこの日、日本のテレビや新聞など組織メディアの記者やカメラマンのほとんどはバグダッドにいなかった。なぜなら本社から退避命令が届いたからだ。

欧米の記者たちは米軍侵攻後も滞在している。当たり前だ。侵攻を取材するために来ているのだから。でも日本のメディアはほぼいない。ジャーナリズムの使命感よりも組織の論理

を優先するからだ。

　補足するが、いま退避するならば何のために来たんだよと、指示に抵抗した日本人記者やディレクターは相当数いた。でも最終的には社命に背くことはできない。二度と現地に来られなくなる。

　しかし綿井は米軍侵攻後も現地にとどまり続けた。なぜなら彼はフリーランスだ。退避を命じる上司はいないし、コンプライアンスやガバナンスなど組織の論理も関係ない。こうして綿井はバグダッドからイラク戦争を現在進行形で伝え続けた。この頃にテレビでニュースを見ていた人は覚えているかもしれないが、バグダッドからの彼のリポートをテレビ朝日『ニュースステーション』とTBS『筑紫哲也NEWS23』が放送していた。競合番組なのだから普通はあり得ない。でも現地には綿井しかいないのだ。

　やがてイラクから帰国した綿井は、自分の撮った映像がどのようにテレビで加工されていたかを知る。これは違う。これでは伝わらない。そう思った彼は、素材を自分で編集することを決意する。

こうしてドキュメンタリー映画『Little Birds――イラク 戦火の家族たち――』が誕生した。テレビとは何が違うのか。観れば分かる。米軍の無慈悲な爆撃で殺されたイラク市民たちの無残な遺体がモザイクなしで映される。日本もアメリカの同盟国だと憤る市民たちの声が聞こえる。自分たちの加害性に気付いた米兵の悲しげな表情があらわにされる。

結局、イラク戦争とは何だったのか。アメリカが侵攻の大義として掲げた大量破壊兵器は見つからなかった。フセイン政権は確かに独裁だったが、求心力を失ったイラクには武装勢力が跋扈《ばっこ》して、イスラム国（ＩＳ）など多くのイスラム過激派の誕生に結び付く。ある意味で今の世界の分断の大きなきっかけだ。

その瞬間を記録した本作は、客観中立を装うテレビとは根本的に違う映像と編集だ。いま観ても決して色あせていない。なぜならその後の世界を規定する要素が、この作品にはいくつも見えているからだ。

『Little Birds――イラク 戦火の家族たち――』（二〇〇五年）
監督／綿井健陽
出演／アリ・サクバン、ハディール・カデム

〈二〇二一年二月九日号〉

23

女相撲×アナキスト 『菊とギロチン』に見る瀬々敬久の反骨

欠点だらけだが嫌いになれない友人がいる。あるいは欠点は目につかないのに魅力を感じることができない人もいる。映画もそういうものかもしれないと時おり思う。いや映画だけではなく、そもそも表現とはそういうものなのだろう。

この映画は発表直後には、「女相撲とアナキスト」というサブタイトルが付いていたらしい。正式なタイトルは『菊とギロチン』。どちらにせよ意味が分からない。「菊」は何か。何となく「菊の御紋」を意味しているのだろうと思い込んでいたが、この原稿のために調べたら、実在したテロリズム（アナキズム）集団「ギロチン社」の中心メンバーで映画の主役でもある中濱鐵《なかはまてつ》が残した短歌「菊一輪　ギロチンの上に微笑《ほほえ》みし　黒き香りを遥かに偲《しの》ぶ」が由来らしい。いやそれとも、女相撲の新人力士でもう一人の主役「花菊ともよ」の名前なのか。いややっぱり菊の御紋なのか。……分かんないよ。

これが瀬々敬久の一つの流儀だ。過剰な説明はしない。平気で観客を置き去りにする。言い換えれば、菊の解釈などどうでもいいと思っているのかもしれない。

瀬々にはたくさんの顔がある。そもそもはピンク映画の巨匠だった。ドキュメンタリー作品も数多い。実際に起きた事件を題材にする社会派でもある。さらに大ヒットしたメジャー映画『感染列島』や『64―ロクヨン―前編／後編』なども監督している。

　要するに不器用な職人、いや器用なのか。よく分からない。そういえば風貌も宮大工の親方みたいだ。でも繊細。そしていまだに女性を土俵に上げない大相撲に対するアンチとして屹立《きつりつ》する「女相撲」と、テロリスト集団である「ギロチン社」を主軸に置いた映画を監督することが示すように、徹底して反骨だ。

　舞台は関東大震災直後の日本。全国を旅しながら興行していた「女相撲」一座の女たちが、「ギロチン社」の男たちと出会う。ここはもちろんフィクション。彼らの共通項は、時代と国家と良識へのあらがい。それは自由への希求。でも国家は放埒《ほうらつ》な自由を許さない。テロを黙認するはずもない。男たちは要人暗殺を計画する。しかし失敗ばかり。女たちは連れ戻しに来た家族に抵抗できない。結局は勝てない。でも彼らは必死にあらがう。浜辺で踊り狂う。新しい世界を夢見ながら。以下は公式サイトに掲載された瀬々のコメントだ。
　「十代の頃、自主映画や当時登場したばかりの若い監督たちが世界を新しく変えていくのだと思い、映画を志した。僕自身が『ギロチン社』的だった。数十年経ち、そうはならなかった現実を前にもう一度『自主自立』『自由』という、お題目を立てて映画を作りたかった。今作らなければ、そう思った。（後略）」

映画の終盤、官憲から逃亡する男が花菊を夫から引き離す場面でいきなりタイトル。何で今頃。でもきっとこれも瀬々の抵抗なのだ。しかも尺は一八九分。無謀だ。欠点だらけ。だからこそ大切な作品だ。

ちなみに（ここまで書いておきながら申し訳ないが）僕がいちばん好きな瀬々の映画は、地下鉄サリン事件と天安門事件と東電ＯＬ事件をモチーフにし、超能力を隠し味に使いながら死と暴力を描いたエロ映画『トーキョー×エロティカ』だ。

『菊とギロチン』（二〇一八年）
監督／瀬々敬久
出演／木竜麻生、東出昌大、寛一郎、韓英恵

〈二〇二一年二月二三日号〉

24 二六歳の僕を圧倒した初ジブリ体験、『風の谷のナウシカ』に見た映画の真骨頂

そのとき僕は二六歳。交際していた彼女と映画を観ることにした。でも、この時期の僕は定収入がない。つまりフリーター（当時はそんな言葉はなかったけれど）。彼女も同じようなもの。極貧だからロードショーはほぼ観ない。当然のように名画座だ。

何を観るかは決めていた。『スプラッシュ』だ。泳げない青年アレンと人魚のラブロマンス。監督はハリウッドの職人ロン・ハワードだ。人魚を演じるのはダリル・ハンナで、アレンはトム・ハンクス。ただしこの時期、ハワードもハンクスもまだ無名に近かったはずだ。なぜ観ようと思ったのか。スマートフォンはもちろんネットもないこの時代、映画や演劇の情報は毎月買っていた情報誌「ぴあ」か「シティロード」で仕入れていたから、映画評を読んで決めたのだろう。ちなみに二〇一八年に日本公開されたギレルモ・デル・トロの『シェイプ・オブ・ウォーター』は、明らかに『スプラッシュ』へのオマージュだ。

この時期の名画座の相場は五〇〇円か六〇〇円で二本立てか三本立て。目当ての『スプラッシュ』の併映は日本のアニメ作品だった。映画館でアニメ？　子ども時代に観ていた「東映まんがまつり」以来だ。つまらなければ途中で出よう。僕はそう考えていたし、彼女も同じだったと思う。

先に観た『スプラッシュ』はまあまあだった。それなりに楽しめた。逆に言えばその程度。一〇分ほどの休憩を挟んでアニメが始まった。

終わったとき、僕も彼女もしばらくは席から立てなかった。すごい作品を観た。その思いは彼女も同じだったようだ。映画館を出た後に何をしたかは覚えていないが、二人とも言葉が少なかったことは確かだ。

僕にとって『風の谷のナウシカ』は初ジブリだ（厳密に言えばスタジオジブリの設立は本作公開後）。「火の七日間」と呼ばれる最終戦争はどのような戦争だったのか。他国への侵略を繰り返す軍事大国トルメキアは何を風刺しているのか。腐海や王蟲《オーム》、巨神兵は何のメタファーなのか。そうしたインセンティブの量が半端じゃない。観ながら考える。悩む。安易な答えは呈示されない。だから想像する。思考する。その状態は観終えても続く。まさしく映画だ。

ただし監督の宮崎駿自身も認めているように、ラストは肩透かしというか拍子抜けの感が強い。本作に限らず宮崎の映画は、無理やりにラストで締めようとして失敗する場合が多いような気がする。ドキュメンタリーを撮ってきたからこそ、この感覚はよく分かる。どのように終わればいいのか分からなくなるのだ。

脚本を練りに練って撮影に入る実写ドラマには、その危惧はほぼない。ドキュメンタリーと実写ドラマとアニメを線上に置けば、アニメは最もドキュメンタリーからは距離があるはずなのに、宮崎は頻繁に自己破綻する印象がある。濃密過ぎる内実が表層に配置された整合性やカタルシスや予定調和を破壊してしまうのだろうか。特に本作の場合、並行して宮崎が進めていたコミックの連載との微妙な関係があったのかもしれない。
ただしそうしたマイナスを差し引いても、僕と彼女が圧倒されたことは確かだ。映画とは出会うもの。不意打ちされるもの。これを実感した二六歳の夏だった。

『風の谷のナウシカ』（一九八四年）
監督／宮崎駿
声の出演／島本須美、辻村真人、京田尚子
〈二〇二一年三月九日号〉

25 蔓延する憎悪と殺戮　パレスチナで突き付けられる「傍観者でいいのか」という問い

イエス・キリストが信じていた宗教は何か。こう質問されたとき、正解を言える日本人は少ない。答えはユダヤ教。キリスト教は彼（ナザレのイエス）が処刑された後に、弟子たちが広めた宗教だ。

なぜイエスは処刑されたのか。形骸化したユダヤ教旧体制を批判して改革しようとしたため、ユダヤ教祭司や律法学者から憎悪されたから。つまりキリスト教を信仰する人々にとって、ユダヤ人は自分たちの救世主であるイエスを殺害した民族ということになる（イエス自身もユダヤ人だが、その意識は抜け落ちてしまうようだ）。

だからこそ、アウシュビッツの強制収容所が解放されてホロコースト（ユダヤ人大虐殺）の実態が明らかになったとき、西側世界の人たちは驚愕しながら萎縮した。なぜならナチスだけではなく自分たちも、何世紀にもわたってユダヤ人を差別し、迫害してきた加害者であるからだ。

第二次大戦後にユダヤ人は約束の土地に自分たちの国を建設し、強い被害者意識は過剰なセキュリティ意識と攻撃性へと転化して、以前から居住していたパレスチナの民を差別して迫害する。大規模な虐殺もあった。しかし国際社会は黙認する。アラブ世界は怒る。中東戦争が何度も起きるが、アメリカの軍事的庇護を受けるイスラエルは近代兵器を駆使して勝利し続ける。

だからこそアラブ各国はイスラエルと同時にアメリカを仮想敵と見なし、国際テロ組織アルカイダは二〇〇一年にアメリカを攻撃する。

……この複雑な問題について、この字数でまとめるには無理がある。

でもこれだけは知ってほしい。世界に憎悪と殺戮が蔓延する要因として、イスラエル・パレスチナ問題の影響は大きい。ユダヤ人が加害されたホロコーストやナチスの映画は、一つのジャンルといえるほど毎年量産されるが、そのユダヤ人が加害する側となった現在進行形の問題に対しては、少なくともハリウッドは拮抗できていない。

ただし『テルアビブ・オン・ファイア』『オマールの壁』など、イスラエルやパレスチナのフィルムメーカーによる佳作は少なくない。そして若松孝二、足立正生、広河隆一、古居みずえ、土井敏邦など多くの日本人監督がこの問題についてのドキュメンタリー映画を発表している。

『傍観者あるいは偶然のテロリスト』はその

系譜の最新作。監督の後藤和夫はテレビマン時代、第二次インティファーダで紛争が続くパレスチナに足を運び、取材と撮影を続けた。退職後の二〇一八年、東京・豊島区に友人たちとミニシアター「シネマハウス大塚」を設立し、上映活動を続けながら再びパレスチナを訪れる。ジャーナリストとしての自分の半生を反すうしながら、おまえはなぜ傍観者でいられるのか、と後藤は自分に問い続ける。パレスチナの旧友に会う。構想していたフィクション映画について考える。過去と現在が交錯し、やがてシンクロする。

ラスト、後藤はエルサレムのバス停で、ホロコーストを傍観したドイツ国民について考える。そのカットが次の瞬間、ガザ地区のオリーブ畑へ。万策尽きたというように後藤は一人で踊っている。もちろんブレイクダンスの類ではない。強いて言えば一人盆踊りだ。

傍観するしかない後藤の絶望は、やっぱり傍観するしかない観客へと重なる。ロングなので表情はわからない。でも踊る後藤をみつめながら、その胸のうちを想像する。

断言するけれど、シネコンでは絶対に上映されない。でも見てほしい。目撃してほしい。私は傍観者でよいのかとの後藤の問いは、きっとあなたにも突き刺さる。

『傍観者あるいは偶然のテロリスト』（二〇二〇年）
監督／後藤和夫
出演／後藤和夫

〈二〇二一年四月六日号〉

26 三谷幸喜の初映画『ラヂオの時間』は完璧な群像劇だった　隠された毒が深みを生む

毒にも薬にもならない、というフレーズがある。どちらかといえば否定的。良い意味で使われることはあまりない。

ただし、実際の毒と薬のラインは曖昧だ。多くの薬がそもそもは微量の毒であるとの見方もできる。それに何よりも、世の中にあるものは毒と薬にだけ分けられるわけではない。もっといろんな要素がある。

一九九〇年前後の時期、東京サンシャインボーイズの舞台を初めて観た。劇団員だった阿南健治とは旧知で、どちらかといえば義理で足を運んだのだが、その面白さと完成度の高さに圧倒されて、それからは公演のたびに足を運んだ。この時期は主宰で演出の三谷幸喜も、時おり役者として舞台に登場していた。

この原稿を書くためにネットで検索したら、「それまでの日本にはほとんどなかった『ウェルメイド・プレイ』（毒は少ないが、洗練された喜劇）を上演することが特徴で」との記述を見つけた。なるほど。確かにあからさまな毒やメッセージはない。でも微量で隠されているからこそ、有効に機能する場合がある。

この法則は映画も同様だ。メッセージ性の強い社会派だけが映画ではない。ホラーやコメディ、サスペンスやロマンスだってもちろん映画だ。ただしやっぱり毒は必要。チープに表現すれば隠し味。観る側への触媒。暗喩。メタファーと表現する人もいる。これが全く含まれていなければ、ジャンルは何であれ、痩せて扁平な作品になってしまう。

東京サンシャインボーイズの休眠（公式には充電）宣言を経て一九九七年、三谷は『ラヂオの時間』で映画監督としてデビューする。ロバート・アルトマンの『ザ・プレイヤー』を彷彿させる長回しで始まるこの作品の時間軸は、深夜のラジオドラマのリハーサルから放送終了まで。つまりせいぜい数時間。場所もほぼ局内だ（トラック運転手は不要だったと思う）。平凡な男女のささやかな恋をテーマにした脚本が、生放送という設定のためにドタバタの展開を余儀なくされ、宇宙空間まで広がった国際ロマンスへと変貌する。主人公のパチンコ店店員である律子は弁護士のメアリー・ジェーンに変わり、熱海の設定はいつの間にかシカゴだ。

舞台と同様、伏線の回収が見事だ。そして毒もある。この時期に三谷自身が経験したテレビ局のドラマ制作現場への風刺と当てこすり。軽薄な局スタッフと業界人。でも現場で歯を食い縛る人たちもいる。みな必死に生きている。群

像劇としても完璧だ。

その後に三谷の作品は、全部とは言わないがかなり観ている。脚本として参加した『一二人の優しい日本人』や『笑の大学』は別にして、監督作は毒がどんどん薄くなってきた。だから味に深みがない。甘いと辛いと苦いとしょっぱいだけ。他人事ながら悔しい。もっと微妙な機微を描ける作家だったはずなのに。

この原稿を書くために、三谷の最新監督作である『記憶にございません！』を途中まで観てやめた。原稿がさらに辛辣になってしまうと予感したからだ。僕もまだ現役の作り手だ。人の批判はあまりしたくない。

この原稿を書き終えてから、（予感が外れることを祈りつつ）改めて観るつもりだ。

『ラヂオの時間』（一九九七年）
監督／三谷幸喜
出演／唐沢寿明、鈴木京香、西村雅彦、戸田恵子

〈二〇二一年四月二〇日号〉

27 石井聰亙『シャッフル』は特別で別格――走るチンピラと追う刑事、全力疾走の舞台裏

刑事役をやってほしいのです、と石井聰亙（現・岳龍）は言った。台本はその前にもらっていた。刑事ならば準主役だ。ラストに腹を至近距離から銃撃されて死ぬ。そのシーンを思い浮かべながら僕は、目を閉じて死にたいのです、と石井に言った。

石井は首をかしげる。意味が分からないようだ。僕は説明した。テレビドラマなどではこうした状況でよく目を開けたまま無念そうに死にますよね。ずっとあれが嫌でした。死ぬときは目を閉じるべきです。説明しながら自分でも何が言いたいのか分からなくなった。でも石井は少し考えてから、分かりました。その演技はお任せします、とうなずいた。

『シャッフル』の制作は秋田光彦で撮影は笠松則通、助監チーフは緒方明。キャストは中島陽典と室井滋、武田久美子に荒戸源次郎と森達也。

デビュー直後の武田久美子とプロデューサーの荒戸源次郎以外は、みなほぼ無名だった。ネットの映画情報サイト「映画ドットコム」でこの映画は、以下のように紹介されている。

「自分を裏切った女を殺したチンピラと彼を追う刑事が、全編にわたりひたすら全力疾走を続ける姿を映し出す。壮絶なスピード感とエネルギーの中、流血のクライマックスへと突き進んでいく……」

銃を手にしたチンピラと彼を追う刑事は市街地を走り続ける。ロケの八割は走っていた。先行する中古ハイエースのバックドアを開けて小さな三脚に固定した16ミリカメラのファインダーをのぞく笠松の横で、石井はほぼ無言だった。だからハイエースのスピードに合わせて走り続けるしかない。今にして思えば、それが石井の演出プランだったのだろう。極限まで走らされて体力がゼロになりかけた中島と僕は、本気で苦悶しながら鉄柵を飛び越え、相手の銃撃をかわし、とにかく走り続けた。

ようやくチンピラを緊急逮捕した刑事は、取り調べのために警察署に向かう。もちろんリアルではない。制作部が探してきた廃墟のような建物だった。ほぼ順撮りの撮影はこの日でクランクアップ。多くのスタッフとキャストが集結した。阪本順治が演じていたのは警官Aだったか Bだったか。手塚眞が現場にいたことも記憶している。

最後に銃撃されて絶命する僕は特殊効果スタッフから、シャツの下に女性用のナプキンを当てられた。その上に火薬を仕込んだ弾着をガムテープで固定する。血のりを入れるのはコンドーム。衣装は自前の一着のみ。つまり一発勝負だ。NGは許されない。

『高校大パニック』で自主制作映画監督としてデビューした石井は、その後に『狂い咲きサンダーロード』を経て『シャッフル』を撮った。以降は多くの商業映画を撮っているが（最新作は二〇二四年公開の『箱男』）、モノクロで尺は三三分しかない自主制作映画として作られた『シャッフル』は、石井にとっては絶対に特別で別格の作品であるはずだ（と思っている）。

季節は冬だった。ラストは長回し。血にまみれた遺体のまま動けない。寒い。手錠が食い込んだ手首が痛い。「オーケー、カット！」と石井が叫ぶ。オールアップだ。

毛布を持って駆け寄ってきた緒方が耳元でささやいた「お疲れさまです」の声が、今も耳に残っている。

『シャッフル』（一九八一年）
監督／石井岳龍（石井聰亙）
出演／中島陽典、森達也、室井滋、武田久美子
〈二〇二一年五月四日／一一日合併号〉

28 そこまで見せるか……マスコミの「恥部」を全部さらすドキュメンタリー『さよならテレビ』

二〇一一年、名古屋に本社を置く東海テレビ放送でオンエアされたドキュメンタリー番組『平成ジレンマ』が劇場版映画として再編集されて、全国のミニシアターで上映が始まった。この企てのキーパーソンはプロデューサーである阿武野勝彦。その後も阿武野は自身が制作した多くのテレビ・ドキュメンタリーを放送後に再編集し、映画として公開し続けた。

今でこそテレビで放送されたドキュメンタリーを再編集して劇場で上映することは珍しくないが、東海テレビはいわばその先駆けだった。さらに東海テレビの特質は、扱うテーマの際どさだ。体罰が原因で塾生の死亡事故を引き起こし、服役した戸塚ヨットスクールの戸塚宏が被写体の『平成ジレンマ』に続き、名張毒ぶどう酒事件の死刑判決に真っ向から異を唱える劇映画『約束』、死刑反対のシンボル的存在で多くの人からバッシングされていた安田好弘弁護士を被写体にした『死刑弁護人』、大阪の指定暴力団・東組の二次団体「清勇会」に密着してヤクザの人権について問題提起する『ヤクザと憲法』など、とにかく問題作ばかりだ。

特に組員たちの仕事や日常が一切モザイクなしで映し出される『ヤクザと憲法』には、僕も含めて多くのドキュメンタリストが唖然としたはずだ。それを言葉にすれば「撮っていいのか」。あるいは「放送（上映）していいのか」。観れば可能だったと気付く。撮れるのだ。そして放送（上映）できるのか。ならばなぜ駄目だと思い込んでいたのか。テレビが大好きだと公言しながら阿武野は、日本のテレビの閉塞状況を内側から壊そうとする。いや何度も壊している。多くの人（特にテレビ業界人）は映画を観て気付く。壊す気になりさえすれば壊せるのだ。自分たちは萎縮していただけなのだと。

二三年前にテレビディレクターだった僕は、放送する予定だった作品をテレビから拒絶され、仕方なく自主制作映画とした。だから思う。もしも二三年前に阿武野が局にいてくれたら、その後の僕の人生はずいぶん変わっていたはずだ。

二〇一七年末に忘年会で顔を合わせたとき、「次のテーマはテレビだよ」と阿武野は言った。このときは意味がよく分からなかった。そして一八年、阿武野は自分たちを被写体にしたドキュメンタリー番組『さよならテレビ』を放送し、二〇年に劇場公開する。

視聴率に汲々《きゅうきゅう》とする報道番組の裏舞台。正社員と派遣社員の格差問題。権力監視をめぐるディレクターやプロデューサーたちの温度差。

こっそりと仕込まれるピンマイク。そこまで撮るのか。そこまでさらすのか。やっぱり僕を含むテレビ業界人たちは啞然とした。監督は『ヤクザと憲法』に続いてこれが三本目となる土方《ひじかた》宏史。阿武野と同様に場の空気を読まない。いや読めないのか。だからこそテレビの境界をあっさりと侵犯する。

ＤＶＤや配信ではリリースされない。その理由について阿武野は、ローカルなテレビのフレームから全国のスクリーンへと広がることが目的だったのだから、またモニターサイズに戻すのでは意味がないと、かつて僕に言った。劇場への恩返しの意味もあるのだろう。意外に義理堅い。

テレビはどこへ行くのか。どうあるべきなのか。免許事業であると同時に市場原理にさらされるテレビで、ジャーナリズムは可能なのか。多くの問いへの入り口がある。

『さよならテレビ』（二〇一九年）
監督／土方宏史
出演／福島智之、渡邊雅之、澤村慎太郎

〈二〇二一年五月二五日号〉

29 『嵐電』で堪能する宇宙的時空「行きつ戻りつ」でシンクロする映画と人生

この映画のストーリーや概要を記すことは難しい。というかほとんど意味がない。特にストーリーは。だって明確な起承転結はない。

観ながら思う。おそらくテーマは時間だ。行きつ戻りつするのは過去と現在。でもその繰り返しを眺めるうちに、いつの間にか未来に来ていることに気付く。

学生時代に自主制作映画に夢中になり、卒業後はテレビ業界で仕事をして、そしてまたいま映画の仕事をしているだけに、テレビと映画の違いは何だろうと僕は時おり考える。DVDが普及時代を経て配信で映画を観ることが当たり前になり、さらにコロナ禍で劇場やライブハウスやミニシアターの存在意義が問われている今だからこそ、映画と映画館の意味について考える。

まずは大きなスクリーン。そして暗闇。さらに（暗くてよく分からないけれど）周囲に座っている多くの（見知らぬ）人たちの気配。

この三つが映画館のアイデンティティーだ。観る側が抱く映画へのアイデンティティーと言ってもいい。テレビや配信などと比べて明らかな相違は、観ることを途中で中断できない、録画して確認することができない、誰かとしゃべったり笑ったりしながら観ることができない、の三つだろう。いわば三つの禁則。あるいは制限。つまり映画は不自由なのだ。だからこそ集中する。料金はもう払ってしまった。元は取りたい。今はまだつまらないけれど、これから面白くなるかもしれない。伏線を見逃しては訳が分からなくなる。闇で僕たちは目を凝らす。必死にスクリーンを見つめる。時おり誰かの吐息や抑えた笑い声が聞こえる。こうして映画的空間が立ち上がる。

少なくとも『嵐電』は、テレビ放送や配信に向いている作品ではない。劇場で観るべき映画だ。怪獣や宇宙人は出てこないし（妖怪はちょっと出てくる）、銃撃シーンがあるわけでもないし、謎解きやサスペンス要素があるわけでもない。でもじっとスクリーンを見つめ続けることで、映画の中の時間の行きつ戻りつが、自分の過ごしてきた人生の行きつ戻りつと、きっとシンクロする。

舞台は古都・京都。過去と現在と未来が薄い闇で混然と重なり合うあやかしの街。メインは三組の男女。さまざまな愛の形があり、さまざまな愛の残滓がある。8ミリフィルムの質感が喚起するノスタルジーのフレームに、いきなりきしみ音を立てながら侵入してくる嵐電の車両。

だからこそスクリーンを見つめながら、スクリーンの左右の世界を想起したくなる。映画を撮影する状況を撮影するというメタでマトリョーシカ的空間が、限定されたスクリーンから上下左右に広がってゆく。

こうして時空が示される。それは映画的時空であると同時に、宇宙的時空だ。ふと見上げる星空。日常からの離脱。その瞬間に過去と未来は重なり、自分と愛する誰かも重なる。

人を選ぶ映画であることは否定しない。万人に勧めはしない。スクリーンで観ることが前提だ。でも映画の意味を改めて感じさせてくれる映画であることは間違いない。

最後に蛇足を一つ。これほど唐突で、切なくて美しいキスシーンはちょっとない。

『嵐電』(二〇一九年)
監督/鈴木卓爾
出演/井浦新、大西礼芳、安部聡子、金井浩人

〈二〇二一年六月八日号〉

30 勝新太郎の本領とすごさ――徒花的な『座頭市』はまるで勝新そのもの

座頭市のシリーズを初めて観たのは、（例によって）僕が人生において最も多く映画を観ていた学生時代だ。もちろん名画座。一九八九年に勝新太郎が自身で監督したシリーズ最終作は別にして、その前の二五作が公開されたときは子どもだったから、リアルタイムでは観ていない。

全て徹底してエンタメだ。網走番外地シリーズや『シェーン』などの西部劇にも通じる作法だが、じっと辛抱を続ける主人公の悪への怒りが最後に炸裂するというパターンは、映画としては鉄壁の黄金律だ。市は全盲という設定だから、この展開になじみやすい。

ただしそれは当時だから思えたこと。この原稿を書くために一本目の『座頭市物語』など何本かを観返したが、（差別用語が頻出することはともかくとしても）身分制度の強かった江戸期を背景に全盲の主人公が悪人を圧倒的な力で成敗するというエッセンスが、今の世の中ではどのように解釈されるだろうと考えた。

たぶんとても微妙だ。座頭市シリーズは一九七〇年代中頃からテレビドラマとしても放送されたが、地上波で再放送はできるだろうか。勝新が没してからは北野武と阪本順治がそれぞれの座頭市を撮り、曾利文彦は座頭を瞽女《ごぜ》に置き換えた作品を発表したが、もしも勝新の前史がなかったなら今の邦画界の状況でゼロからこの企画を成立させることはかなり難しいだろう。

補足するが、難しいとは思うが不可能ではない。でも、不可能だと思う人が多過ぎるのだ。テレビディレクター時代の一九九九年、僕は『放送禁止歌』というドキュメンタリーをテレビで発表し、岡林信康が被差別部落問題を正面から歌って放送禁止歌の代表曲となっていた「手紙」をオンエアした。おそらくテレビでは史上初だ。なぜオンエアできたのか。実は放送禁止歌は存在していない。テレビ業界のほとんどの人が前提にしていたこのルールは巨大な共同幻想であり、自覚なき自主規制だった。つまり自由からの逃走。ドイツが独裁国家へと変貌する過程を考察したエーリッヒ・フロムが提唱するこの概念は、今も僕たちの日常の至る所にある。

勝新が先駆者であることは間違いない。でも意図的ではないような気がする。『放送禁止歌』を撮ったときの僕も、被差別部落問題についてしっかりとは理解していなかった。放送後によく放送できたなとテレビ業界の多くの友人や先輩から言われて、それほどのタブーだったのか

と今さらのように気が付いた。同列に論じることは気が引けるが、おそらくは勝新もそのタイプだと思う。

彼の本領とすごさは、一九八〇年に放送を始めたテレビドラマ『警視－K』で発揮されている。あえて脚本はアバウトに仕上げ、セリフはほぼ俳優たちのアドリブ。だからアフレコは不可能だ。全て現場で同時録音。ノイズも交じる。第一話オンエア中から放送局である日本テレビには、「言葉が聞こえない」「意味が分からない」などと抗議の電話が殺到したという。ほとんど実験映画だ。一人でテレビドラマのヌーベルバーグをやろうとしたと評する人もいる。結局は一クールで打ち切られた。

座頭市は邦画における徒花《あだばな》的な存在。そしてそれは、日本芸能史における勝新のポジションと、見事な相似形を成している。

『座頭市物語』（一九六二年）
監督／三隅研次
出演／勝新太郎、万里昌代、島田竜三、三田村元
〈二〇二一年六月二二日号〉

IV

20210706-20211116

31 『翔んで埼玉』が悔しいほど痛快な理由――ギャグとテンポ、そして実名の威力

二〇一九年公開の『翔んで埼玉』は話題のコミックの実写版だ。でも劇場まで観に行こうとは思わなかった。理由の一つは（特にシネコン系の場合）アニメ全盛で、オリジナル脚本よりコミックや小説の実写化が幅を利かせて、アイドル系タレントの出演が前提になっている今の邦画状況に心底うんざりしているからだ。

大手映画会社の偉い人たちや製作者を一方的に責めるつもりはない。だって観客が求めているのだ。需要があるから供給がある。つまり市場原理。これに尽きる。もちろんアニメや実写版にも秀作はある。でも安易過ぎる。そう思っていた。しかし五月の連休中に配信を観てしまった。

……言い訳はここまで。本作の感想は一言に尽きる。むちゃくちゃ痛快だった。不明を恥じる。監督は武内英樹。『テルマエ・ロマエ』『のだめカンタービレ』も監督している。どちらもコミックの実写化。しかも製作にはフジテレビが関わっている。出資してくれる。羨ましい。そして妬ましい。本当なら取り上げたくない。でも面白いから仕方がない。

テンポやギャグのセンスが一級であることは確かだが、この作品が痛快である最大の理由は実名だ。映画の舞台は出身地や居住地によって激しい差別が行われている日本。埼玉出身

の主人公は、同様に差別されている千葉や茨城出身者たちと連帯して、自分たちを不当に統治する東京に対してレジスタンスの闘いを挑む。

これは邦画だけではなくテレビドラマなども含めての傾向だが、日本の表現分野はとにかく実名を隠す。実話をベースにした作品でも、組織や個人の名前を姑息に変える。話題になった『Fukushima 50』でも登場する政治家や関係者の固有名詞はほぼ示されず、東京電力は東都電力に変えられていた（同じく原発事故を描いて、政治家は全て実名にした『太陽の蓋』には、ほかの機会で触れたい）。

ところがハリウッドの場合、『バイス』や『ペンタゴン・ペーパーズ／最高機密文書』『ブッシュ』『ニュースの真相』『フェア・ゲーム』などここ一〇年ほどの作品だけでも、政治家や大企業やメディアの固有名詞をしっかりと示す。その上で批判する。あまりにも映画の風土が違う。

と、ここまでを読んだところで、サシャ・バロン・コーエン主演の『ボラット』二部作を思い起こす人は少なくないはずだ。昨年一〇月公開の『続・ボラット　栄光ナル国家だったカザフスタンのためのアメリカ貢ぎ物計画』は、世界の独裁者リスト入りを切望するカザフスタンの大統領から使命を受けたボラットが渡米し、ペンス副大統領の集会に突撃したり、ジュリアーニ元ニューヨーク市長にハニートラップを仕掛けたりするというストーリーだ。

もちろんペンスもジュリアーニも本人。実際の共和党支持者やQアノンの集会にボラットは乗り込んで人々を挑発する。実名どころではない。基本はモキュメンタリーだが毒と批判が半端じゃない。

『翔んで埼玉』は『ボラット』の日本版。ただしレベルは全く違う。固有名詞は県だけ。ファンタジーですよ、という逃げ場をちゃんと用意している。それなのにこれほどに痛快であることが悲しい。

『翔んで埼玉』（二〇一九年）
監督／武内英樹
出演／二階堂ふみ、GACKT、伊勢谷友介、ブラザートム

〈二〇二一年七月六日号〉

32 『東京クルド』が映す おもてなしの国の残酷な現実

小学生の頃に家族と共に日本にやって来たオザンとラマザンは、今も難民申請を続けるトルコ国籍のクルド人だ。それぞれ一八歳と一九歳。将来について思い悩む年頃だ。

ドキュメンタリー映画『東京クルド』の主人公である二人が日本に来た理由は、故郷で政府に迫害されたからだ。警察に拘束されて殺害された親戚もいる。来日して一〇年以上が過ぎるが、いまだに彼らは「不法滞在者」だ。仮放免許可証を与えられてはいるが、定期的に入管に出頭しなくてはならないし、いつ強制的に収容されるかも分からない。

一緒に日本に来たラマザンの叔父のメメットは妻と幼い子どもと暮らしていたが、二年前にいきなり収容された。いつ出てこられるのか。そもそも出てこられるのかも分からない。

イケメンのオザンは芸能活動を夢見てオーディションを受ける。語学に興味があるラマザンは通訳養成学校を目指す。オザンは合格し、ラマザンは受験勉強に励む。でも不法滞在者である二人は日本で仕事ができないし、学校側も入学させることを躊躇する。オザンは芸能の仕事を断念し、ラマザンは通訳の仕事を諦めた。なぜ仕事をしてはいけないのか。なぜもっと勉強したいという夢を諦めなければならないのか。

二〇一九年のデータによれば、日本での難民申請処理数は一万五四二二人で認定者は四四人。認定率は〇・二九％だ。同年のカナダの認定数は二万七一六八人で認定率は五一・一八％に達する。ドイツの認定数は五万三九七三人で認定率は一六・〇五％、アメリカは四万四六一四人で二二・七三％だ。

ゼロの数が二つ違う。これが「おもてなし」の国である日本の現状だ。彼らの多くは国の迫害から逃げてきた人たちだ。日本で結婚して子どもがいる人も少なくない。それなのに働けない。健康保険もない。収容されて強制帰国させられる不安にいつも怯えている。

この連載は、邦画について僕自身が思うことを、選んだ一つの作品を題材にしながら自由に書いてほしい、との依頼から始まった。つまりパブリシティーの要素はかけらもない。編集部からは「褒めようがけなそうがお任せします」と言われている。ただし時折、今だからこそ一人でも多くの人に、この映画をスクリーンで観てほしいと思う作品に出合う。今回はまさしくそうした一作だ。

今年三月、留学のために日本に滞在していた三三歳のスリランカ女性ウィシュマ・サンダマリさんが名古屋入管施設で亡くなった。収容されて半年で体重は二〇キロ減少し、亡くなる直前は車椅子生活となっていた彼女は、適切な医療につなげてもらうことを希望していたが聞き入れられなかった。問題視する世論の高まりを背景に、政府が成立を目指していた入管法改正案は取りあえず廃案となった。しかし法務省や入管関係者は、ほとぼりが冷めたら再び成立を目指すことを明言している。

ただし本作はこうした世相に乗じた映画ではない。日向史有監督はオザンとラマザンを五年にわたって撮り続けている。彼らの希望と絶望を、夢と挫折を、日本への憧れと失望を、作品にしっかりと焼き付けている。

仕事をしたいと訴える彼らに、「帰ればいいんだよ、他の国行ってよ」と入管職員は嘲笑する。その音声を聞いたとき、あなたは気付くはずだ。入管職員は日本国籍を持つ僕たち全ての代弁者なのだと。

※書籍化にあたっての補足…二〇二三年六月、多くの反対の声を押し切って自民党は改正入管法を通常国会で成立させた。

『東京クルド』（二〇一八年）
監督／日向史有
出演／オザン、ラマザン

〈二〇二一年七月二〇日号〉

33 在日への視線は変わっていない 今こそ『パッチギ！』が見られるべき理由

北朝鮮・平壌に行ってからもう七年がたつ。滞在五日目くらいに、庶民向けの市場に行った。外国人はなかなか立ち入ることが許されないエリアだ。目的は人民服の購入。市内では多くの男性の普段着で、見ているうちに一着欲しいと思ったのだ。

衣料品コーナーには膨大な数の人民服が吊るされていた。でもサイズが小さい。確かに街で見かける男性の多くは小柄で痩せている。売り子のおばさんにもっと大きいサイズはないのかと質問したら、僕をじろりと見てから彼女は、そんなに大きな人はこの国にはいないね、と早口で言った。思わずキム・ジョンウンがいるじゃないかと言い返したら、よせばいいのにガイドが律義に通訳を始める。これはまずい。通報される。そう思った次の瞬間、彼女だけではなく市場のスタッフや客たちは腹を抱えて大爆笑。

ほかにもいろんなことがあったけれど、笑い、泣き、怒り、家族を愛す人たちだ。どこの国や地域でも、実際に接すれば当たり前のこと。でもそんな当たり前を、情報に溺れながら僕たちは時折忘れてしまう。こうして悲劇は起きる。

映画の役目とは何か。まずはエンタメ。告発。発見。共感。……いくらでもある。でも（特に他国の映画の場合）重要な一つは、宗教や国境や民族や言語は違っても、皆自分と変わらないと気付くこと。

現在の南北分断は、半島出身者が在日としてこれほど多くいる理由と同じく、日本のかつての植民統治が大きな要因だ。でも多くの人はこれを忘れる。嫌悪や優越感をあらわにする。だから彼らもムキになる。その連鎖がずっと続いている。

『パッチギ!』を見終えて思う。朝鮮高校の番長で祖国に帰ると宣言したアンソンはその後どうなったのだろう。松山とキョンジャの愛は成就したのか。東高校空手部の部員たちは在日に対して意識を変えたのか。

……映画は語られた要素が全てではない。むしろ語られない要素を想像させるための媒介だ。その思いが現実を変える。自分を変える。
三年前、京都朝鮮初級学校を訪ねた。右派系市民団体が校門前で「ろくでなしの朝鮮学校を日本からたたき出せ」「スパイの子どもやないか」などと罵声を上げて街宣活動を行い、それをきっかけに京都市伏見区の山間の校舎に移転した学校だ。授業を見学し、給食を一緒に食べた。子どもたちはニコニコと屈託がない。
さらにその翌年、埼玉にある朝鮮初中級学校を訪ねた。その日は文化祭。いろんな催しがあった。終わってから子どもたちの父兄とマッコリを飲んだ。酔っぱらった。楽しかった。そしていろいろ考えた。

彼ら在日二世、三世（最近は四世、五世も多くなった）は日本で生まれ育ちながら選挙権は与えられていない。二〇一〇年に始まった高校無償化から朝鮮高校は除外され、一九年に始まった幼児教育・保育の無償化も朝鮮学校付属の幼稚園などは対象外とされ、さらにコロナ禍で困窮する学生に国が最大二〇万円を支給する「学生支援緊急給付金」の対象から朝鮮大学は除外された。

これが明らかな嫌がらせでなければ何なのかを教えてほしい。時代は何も変わっていない。松山とキョンジャが合奏する「イムジン河」が切ない。今だから見られるべき映画だ。

『パッチギ！』（二〇〇五年）
監督／井筒和幸
出演／塩谷瞬、高岡蒼佑、沢尻エリカ、楊原京子

〈二〇二一年八月三日号〉

34 貧富を「高低差」で描いた『パラサイト』は、黒澤明の『天国と地獄』から生まれた?

大学二年のとき、映画サークルのOBからCM制作会社でバイトをしないかと誘われた。港区青山にあった小さな会社の名称はトム企画。社員数人だったけれど仕事は忙しい。この数年前に野坂昭如が歌いながら踊るサントリーゴールドのCMが大きな評判になった。それがトム企画の制作だった。読者がもしも五〇代以上なら、「ソ、ソ、ソクラテスかプラトンか」の歌詞と聞けば、ああ、あれか、と思い当たるかもしれない。

立場はバイトだけど、多くの撮影現場に雑用として行かされた。サントリーゴールドのCM第二弾の撮影のとき、カメラの前で野坂は実際にウイスキーを飲んでいた。紅茶などでごまかさない。何度もテイクを重ねて泥酔した野坂は、スタジオの隅で腕組みして撮影を見つめていた年配の女性に駆け寄りながら「ノガミさん!」と甘えるように何度も名前を呼んだ。天下の野坂が懐っこい猫のようになっている。ディレクターにあの女性は誰ですかと聞いたら、野上さんだよ、おまえ映研のくせに知らないのかとあきれられた。

野上照代。トム企画に制作を発注した広告代理店サン・アドのプロデューサーであると同時に、黒澤明監督の作品の多くにスクリプター(記録係)として参加していて、製作のパートナーと言っても過言ではない女性だ。

このときの僕は彼女のキャリアをよく理解していなかった。休憩時間に黒澤さんってどんな方ですか、と気安く聞いた。少し考えてから野上は「一口に言えないけれど優しい人よ」と答えた。優しくなければ映画なんか作れないわよ、と言われたような気もする。

前書きが長くなった。僕が野上と一瞬だけ出会った頃の黒澤は、ロシア（当時はソ連）の国営映画会社モスフィルムの全面的なバックアップで製作した『デルス・ウザーラ』と超大作『影武者』の間の時期だった。出来についてはどちらも微妙だ。何だろう。悪い意味で大味なのだ。ちなみに『乱』も同様。つまり世界的な巨匠となって大作を撮り始めてから、うーんと首をひねりたくなる作品が増えてきたような気がする（『どですかでん』は大好きな作品だけど）。

名画座で『天国と地獄』を見たのはこの時期だ。身代金を要求される会社重役の役として、野武士顔の三船敏郎はミスマッチだ。でも誘拐されたのが自分の子どもではなく運転手の子どもだと気付いた後も、身代金を払う決意は変わらない。不思議なキャラクターだ。冷酷なのか優しいのか分からない。

若くて貧しい誘拐犯を演じた山崎努は、三船が暮らす丘の上の大邸宅を見上げるスラムに暮らしている。まさしく地を這うように。つまり貧富の格差が垂直線で示されている。ここで思い出すのは、カンヌ国際映画祭でパルムドールを受賞して話題になった『パラサイト　半地下の家族』だ。社会の格差を暗喩する要素として高低差を使ったポン・ジュノは、きっと黒澤の『天国と地獄』を見ていたのだろう。
一瞬のパートカラー。白黒の構図に新たな補助線が引かれる。地獄から天国を見上げていた誘拐犯は、死刑が確定してから面会に来た三船に向かって絶叫する。金網越しに対峙する二人を映しながら、黒澤は観客に問い掛ける。彼らは何が違うのか。なぜこれほどに違う人生を歩んだのか。二人にとっての天国と地獄はどこにあるのか、と。

『天国と地獄』（一九六三年）
監督／黒澤明
出演／三船敏郎、山崎努、香川京子、仲代達矢
〈二〇二一年八月二四日号〉

35 『祭りの準備』黒木和雄の映画論「ドキュメンタリーとフィクションは全く違う」

黒木和雄監督が『祭りの準備』を発表したのは一九七五年。以前にこの連載で紹介した『竜馬暗殺』の翌年だ。たった一年しか空いていないのに、映画の肌触りはずいぶん違う。

本作の舞台は昭和三〇年代の高知県中村市（現・四万十市《しまんと》）。脚本家になる夢を胸に秘めながら信用金庫に勤める沖楯男が、夢をかなえるために単身で上京するまでの日々が描かれている。つまりこの作品は、脚本を書いた中島丈博の自叙伝だ。

『竜馬暗殺』が自主制作映画の究極であるならば、『祭りの準備』ははるかによくできている。主演は江藤潤。脇を固めるのは馬渕晴子、ハナ肇、竹下景子、そして黒木映画の常連である原田芳雄。しかし内容はすさまじい。地縁と血縁のしがらみが半端じゃない。高校を出たばかりの楯男（江藤）は、この時期の男の子のほぼ全てがそうであるように、性への好奇心と渇望に毎日悶々としている。特に幼なじみの涼子（竹下）に対しては、憧れと欲望が入り交じって自分でも何が何だか分からない。

とにかく登場する男と女たちがみなオスとメス。他のアクセントは酒と犯罪と左翼運動。圧倒的に信用金庫を退職して東京へと向かう楯男を見送る指名手配中の利広（原田）がいい。圧倒的にいい。そして切ない。

その黒木和雄監督に初めて会ったのは二〇〇二年。東京のミニシアターであるBOX東中野（現在はポレポレ東中野）で、『竜馬暗殺』上映後に行われたトークショーだった。黒木以外に是枝裕和や庵野秀明、緒方明などと月一でトークしていたこの催しは、その後に『森達也の夜の映画学校』とのタイトルで書籍化された。その仕掛け人は、今年『きみが死んだあとで』を発表した代島治彦監督だ。

岩波映画製作所に就職した黒木は、二〇代の頃にはPR映画を撮り続けていた。僕は逆に二〇代は劇映画に浸っていた。つまり（こっちはまだまだチンピラだが）キャリアはほぼ真逆。劇映画とドキュメンタリーの差異について質問する僕に、黒木は以下のように答えた。「森さんの期待をちょっと裏切ることになりますけれども、ドキュメンタリーとフィクションは全く違いますね。（中略）フィクションは本当にないものを全くでっち上げますけど、ドキュメンタリーはあるものをどうでっち上げるかというね、決定的な違いですね」

このとき僕は黒木に食い下がった。でっち上げるという意味で後半の作業はほぼ同じではないのかと。しかし黒木はにべもない。否定され続けて落ち込む僕に、黒木は最後にこう言った。「（前略）ドキュメンタリーとフィクションの価値をあまりに同じにすることによってその境界線が曖昧になって、フィクションもドキュメンタリーも衰弱するっていうことが逆にあるんですね、補強するんじゃなくて。最近、その危険を僕自身と、幾多の若い監督に感じまして。だから、フィクションとドキュメンタリーは違うんだと、取りあえずは言い続けたいと。根っこは全く同じなんですがね」

要するに僕は大ベテランにクギを刺されたわけだ。それから数年後に黒木監督は逝去した。享年七五。当時を思い出し、もう一回『祭りの準備』を観たくなった。きっと最初に観たときとは違う景色がたくさん見えるはずだ。

※書籍化にあたっての補足…代島監督はその後も『三里塚のイカロス』など話題作を発表し続け、二〇二四年にはドキュメンタリーにドラマを融合させた「ゲバルトの杜～彼は早稲田で死んだ～」を公開した。

『祭りの準備』（一九七五年）
監督／黒木和雄
出演／江藤潤、馬渕晴子、ハナ肇、浜村純

〈二〇二一年九月七日号〉

36 深読みしても無駄？　究極的に変な映画、森田芳光『家族ゲーム』は実験とエンタメの融合作

大学の映画研究会に所属して8ミリ映画を撮っていた頃、数年上の世代は自主制作映画世代とよく呼ばれていた。大手映画会社に所属して助監督や制作進行助手から始めて監督を目指すというコースがそれまでの選択ならば、8ミリや16ミリで撮った低予算の映画を発表してから商業映画に監督として進出するというコースを選択した世代だ。この時期に急激に増えた理由の一つは、8ミリ映画のサウンドトラックが開発されて同時録音が可能になったからだ。

もちろん、商業映画に進出するためには、その前に発表した自主制作映画が話題になることが前提だ。

8ミリで撮った自主制作映画『ライブイン・茅ケ崎』が話題になった森田芳光の商業映画第一作『の・ようなもの』は強烈だった。ストーリーらしきものは特にない。ふわふわと捉えどころがない。主演の伊藤克信も変な俳優だ。いやあれは演技なのか。演じるキャラクターに自己の内面を同一化させるスタニスラフスキー・システムの真逆。演技ではなく伊藤そのものが放つ奇妙な存在感が、映画の不思議なリズムや質感と絶妙にマッチしていた。

大ヒットとまではいかなかった『の・ようなもの』が一部で熱狂的に支持された森田は、

その後にアイドル映画を撮って監督としての懐の深さを証明し、満を持すかのようなタイミングで、究極的に変な映画である『家族ゲーム』を発表する。

伊丹十三演じる父親の目玉焼きの食べ方とか、（誰もが言及する）横に長い食卓とか、家庭教師を演じる松田優作の奇妙な登場シーン（横顔がフレームいっぱいに映されていて周囲の人の声だけが延々と続く）とか、実験映画的な要素をいちいち取り上げて詮索しても意味がない。

観る側は時としてシーンやカットを深読みするが、撮る側としてはそれほど意味付けしていない場合が多い。確かにラストの大混乱となる食卓のシーンは『最後の晩餐』をモチーフにしていると思うが、仮にそうだとしても、たぶんそれ以上の意味はない。

だって何も込められていない。メタファーではないのだ。少なくとも家庭教師は家族にとって救世主ではないし、そんな設定には映画的に豊かな意味はない。

ほかにもシュールで意味不明なシーンは多い。でもそれが全て作品と調和している。見事にはまっている。そのバランスは奇跡的だ。

この頃、自主制作映画出身の監督は、現場でかなりいじめられていたとよく耳にした。ただき上げのスタッフたちからすれば、いい気になるなよとの感覚があったとしても当然だ。ならば五作目とはいえまだまだ新参の森田が、これだけ意味不明なシーンを、現場でプロのキャストとスタッフたちにどのように説明したのだろう。これがいちばん不思議だ。撮影は職人肌の前田米造。指示される演出プランに、それは映画の文法ではないと拒絶しなかったのか。メインキャストは松田優作に伊丹十三と最強のうるさ型。この二人だって納得できない演出に応じるとは思えない。

生前の森田とは面識はない。だから作品を観ただけの結論だが、監督としての説得力が圧倒的なのだろう。ある意味でカリスマだ。だからこそアバンギャルドな演出が可能になった。実験的な要素と商業的なエンタメが見事に融合した作品だ。

『家族ゲーム』（一九八三年）
監督／森田芳光
出演／松田優作、伊丹十三、由紀さおり、宮川一朗太
〈二〇二一年九月二一日号〉

37 遊郭でほぼ完結する『幕末太陽傳』は今も邦画のベスト一〇に入る

『幕末太陽傳』の舞台は江戸時代末期の品川の遊郭。維新まであと六年。でもオープニングは、撮影時である一九五七年の品川の街の風景だ。いわゆる赤線エリア。焼け跡の気配はさすがにもうないが、闇市的な雰囲気は残っている。米兵にすり寄る小柄な日本人女性たちのカットが、遊郭の重ね合わせであることを暗示する。

日本が国連に加盟して「もはや戦後ではない」が流行語になった一九五六年の翌年に、この映画は公開された。そして映画の時代設定は江戸期の終わり。この二つの時代に共通することは、一つの時代の終わりと、新しい時代の始まりだ。

品川の遊郭を代表する老舗である相模屋に友人たちを誘って豪遊する佐平次（フランキー堺）は、友人たちを帰してから店に一文なしだと打ち明けて、自らが借金の形となって居残ることになる。

古典落語の『居残り佐平次』をモチーフにしていることは明らかだが、『品川心中』『芝浜』『らくだ』など他の演目も取り入れて一つのストーリーにしているらしい。

らしい、と書いた理由は、僕は古典落語の素養をほとんど持たないから。ない袖は振れない。でも落語のうんちくは枝葉の要素だ。知らなくても十分に楽しめる。本作が邦画のベスト一〇に必ずのようにランクインする理由の一つは、フランキー堺の圧倒的な演技力と存在感だ。とにかくテンポとキレがすさまじい。ジャズドラマー出身ゆえか、そのグルーブ感は半端じゃない。

あえてこの映画の欠点を挙げれば、高杉晋作を演じる石原裕次郎があまりに凡庸であることだ。特にフランキー堺とのからみのシーンでは、それが（残酷なほど）如実に表れる。基本的には相模屋を舞台にした「グランドホテル方式」。キャストのほとんどは（ラストシーンなど一部の例外はあるが）ほぼ外には出ない。

昼か夜かも判然としない遊郭の中だけで物語は進行する。

しかしその緻密なストーリーと軽快なタッチが、終盤で大きく変調する。佐平次を墓場にいざなう役回りの杢兵衛大尽との対話のシーンは、それまでの撮影や編集と全く違う。何かを宣言するかのような唐突なカットバック。佐平次がずっと咳をしていた伏線が不気味な影となって立ち現れる。そこに笑いはない。いや笑い過ぎた後だからこそ、佐平次の暗い表情がより強く印象付けられる。若い頃から難病を患い四五歳で他界した川島雄三監督にとって、死に彩られたこのラストは、ある意味で必然であったのかもしれない。

ただし川島が撮影前に考えていたラストは、生きてやると叫んで墓場を走り去る佐平次が、時間を超えて一九五七年の品川を走るシーンだった。つまりオープニングへの回帰。でもそのプランは難解過ぎると周囲から説得されて断念したという。ただし欠落は想像力をかき立てる。五七年の品川に限定されていないからこそ、今この映画を観る僕たちには、二一世紀の世界を疾走する佐平次を思い浮かべることができる。一人ひとりの命は短い。でも歴史は消えない。こうして人の営みは繰り返される。

ちなみにフランキー堺は川島没後もずっと、江戸期から現在に佐平次が駆け抜けるシーンに現場で反対したことを強く悔いていたという。

『幕末太陽傳』（一九五七年）
監督／川島雄三
出演／フランキー堺、左幸子、南田洋子、石原裕次郎
〈二〇二一年一〇月五日号〉

38 「欠点がない」のが欠点 緒方明『いつか読書する日』は熟年男女の究極の物語

資料に改めて当たり、『いつか読書する日』の公開が二〇〇五年であることに驚いた。一六年も過ぎたのか。

ただし、本作監督の緒方明との付き合いはもっと古い。初めて会ったのは、(この連載でも以前に取り上げた)一九八一年公開の『シャッフル』の現場だった。このときの緒方のポジションはチーフ助監督。どちらかといえば物静かな監督である石井岳龍の現場を、緒方はその外見同様にマッチョに仕切っていた。

その後に紆余曲折あって僕はテレビドキュメンタリーの現場に身を置いてディレクターとなり、緒方も助監督として何本かの作品に従事してから、多くのテレビドキュメンタリーを演出する。

ほぼ同じ時期に同じ業界にいたわけだけど、この頃に緒方との接点はほとんどない。なぜならゴールデン枠の番組も演出する緒方は王道だ。対してこっちは、深夜枠をメインのフィールドにする日陰の立場。一九九八年に僕は『A』を発表して、その二年後に緒方も『独立少年合唱団』で商業映画の監督としてデビューする。

ベルリン国際映画祭に招待されたこの映画がアルフレート・バウアー賞を受賞したことを、

僕は新聞などで知った。テレビでも話題になっていたと記憶している。僕のデビュー作である『A』はこの二年前のベルリン映画祭に正式招待されていたけれど、ほとんど報道されなかった。羨ましい。どうせこっちは日陰さ。

その緒方の二作目である『いつか読書する日』は、市役所の福祉課に勤める五〇歳の高梨が主人公だ。妻はいるが心に秘めた女性がいる。名前は美奈子。二人は街でよくすれ違う。でも言葉を交わさない。目も合わせない。互いに黙殺している。

……とここまでストーリーの概要を書きながら気が付いた。この映画は克明にストーリーを記述しないと、紹介したことにならないのだ。

そう書くと、当たり前じゃないかと思う人はいるだろうな。当たり前じゃないよ。細かなストーリーの紹介など不要な(ガラガラガッチャーンみたいな)映画はいくらでもある。でも『いつか読書する日』は違う。なぜ高梨と美奈子は、高校の同級生でありながら目も合わせないのか。高梨の末期癌の妻は何を思って日々を過ごすのか。美奈子はなぜ今も独り身なのか。そもそもタイトルの意味は何か。そしてラストに何が起きるのか。全て説明したくなる。

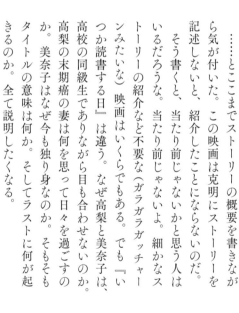

つまり（緒方とはテレビ時代からの付き合いである）青木研次の脚本の完成度が、とてつもなく高いのだ。良い脚本さえできたなら映画は八〇％できたようなものだ。これは映画業界でよく耳にする箴言《しんげん》だけど、『いつか読書する日』については、その完成された脚本に、徹底して抑制された緒方の演出が重なり、さらに岸部一徳と田中裕子の熱演も奇跡的に融合している。

……ここまで書いて、誉め過ぎだろうかと気になってきた。だからあえて揚げ足を取る。欠点はない。それが欠点だ。美は乱調にあり。両腕を失った瞬間にミロのビーナスは遺物からアートになった。高過ぎる完成度は付け入る隙を与えてくれない。

もう一度書くがこれは揚げ足。あるいはいちゃもん。熟年を迎えた男と女の究極の物語。今ならば以前とは違う見方ができるだろうか。

〈二〇一一年一〇月一九日号〉

『いつか読書する日』（二〇〇四年）
監督／緒方明
出演／田中裕子、岸部一徳、仁科亜季子

39 話題作『由宇子の天秤』に足りないのは？ 春本監督に伝えたいこと

見たほうがいいよと何人かに言われた。絶賛している友人も多い。だから見た。見終えて吐息が漏れた。感嘆の吐息ではない。微妙過ぎる仕上がりに漏れた吐息だ。

『由宇子の天秤』の由宇子は、女子高生と教師の自殺事件を追うテレビドキュメンタリーのディレクター。保身を優先するテレビ局上層部と対立を繰り返しながら、少しずつ事件の真相に近づいてゆく。しかし由宇子はある日、学習塾を経営する父が隠していた衝撃的な事実に直面する。それはまさしく、自分がいま撮っている作品のテーマに、際どく抵触する事実だった。

……ざっくりとストーリーを紹介した。ここまでは前半。後半ではドキュメンタリー制作と父親のスキャンダルに絡めて、由宇子は二つの嘘に翻弄される。

全編をとおしてカメラは由宇子と共に動いてゆく。由宇子がいないシーンはほとんどない。観客は由宇子と同じ視点しか与えられない。彼女がいないときに何が起きていたのか。その情報は提供されない。だからこそ由宇子が受ける衝撃を、観客も同じように体験する。

徹底して禁欲的な手法は理解する。でも見ながら不満がたまってゆく。その理由は分かっている。画が足りないのだ。一つだけ例を挙げる。なぜスマホで撮るシーンを見せながら、スマホの映像を見せないのか。それは些細なこと。でも映画の神は細部に宿る。由宇子の視点で終始するから、由宇子自身の悩みが分からない。伝わらない。映画は欠落を想像する媒体でもあるけれど、その欠落が露骨過ぎて想起させてくれない。

監督の意図は分かる。映画的作法を拒否したいのだろう。その思いは僕にもある。定型的なモンタージュに作品を埋没させたくない。ご都合主義のストーリーにはしたくない。謎や伏線が全て回収されることなど現実にはあり得ない。人の営みに矛盾や嘘はあって当然だ。

でもこれは現実ではない。映画だ。伏線は回収するべきだ。矛盾を放置すべきではない。少女のおなかの子どもの父親は結局のところ誰なのか。なぜ由宇子は自分の父親だと確信できたのか。なぜ遠くの街で堕胎するという解決策を思い付かないのか。少女を嘘つきと断言した少年の言葉はどう回収すればいいのか。自殺した教師のスマホは真っ先に警察から調べられるはずだ。テレビ業界で「ドキュメンタリー監督です」と自称するディレクターはまずいない。だいたい事件取材で、自殺した当人の姉にまでインタビューするという展開は無理筋過ぎる。メディア批判も表面的だ。

……揚げ足取りだと思われるだろうか。認める。動員は好調なようだから、僕の酷評など無視すればいい。

でも監督に言いたい。志は大いに共感できるが、脚本が未完成だ。テーマも素晴らしい。もっと多くの視点を交錯させるべきだ。それは映画の中だけではなく、脚本執筆においても同様だ。世界が閉じてしまった。共感するからこそ悔しい。一人で書く限界が表れている。瀧内公美を含めて、キャストはみんな熱演なのだけど。

ラストの六分を超すワンショットは圧巻、と誰かが書いたレビューを見掛けた。違うよ。ただ六分カットせずに撮っているだけだ。

『由宇子の天秤』（二〇二一年）
監督・脚本／春本雄二郎
出演／瀧内公美、光石研、河合優実、梅田誠弘
〈二〇二一年一一月二日号〉

40 映画『村八分』で描かれる閉鎖性は、日本社会の縮図であり原点

決め付けて申し訳ないけれど、この映画を観た人はとても少ないと思う。僕は存在すら知らなかった。再来年公開予定の僕の劇映画のプロデューサーから、「作りはともかく内容は参考になるかも」と渡されたDVDで視聴した。

『村八分』の公開は一九五三年。製作は近代映画協会と現代ぷろだくしょん。脚本は新藤兼人で、監督はこれがデビュー作となる今泉善珠《よしたま》。

ほとんど期待せずにソファに寝転がって観始めた。でも始まって二〇分を過ぎた頃、僕は居ずまいを正していた。この映画はすごい。

一九五二年に静岡県富士郡上野村（現・富士宮市）で実際に起きた人権侵害事件を題材にしたこの映画は、静岡県の参院補欠選挙の発表の日から始まる。朝陽新聞（実際にはもちろん朝日新聞）静岡支局の本多記者（山村聡）は、野田村で大規模な替え玉投票が行われていたことを訴える投書を入手した。投書の主は野田村在住の女子高生、吉川満江（中原早苗）。村を取材した本多は、役場が主導する形で不正投票が行われていたことを突き止める。その記事が朝陽新聞に掲載され、司法当局と警察が捜査を始める。

村の有力者の言うままにしていた村人たちはパニックだ。その怒りは投書を書いた満江と

その家族に向けられる。

つまり村八分だ。

映画の中盤までは、その村八分の様子が克明に描かれる。ちょうど種まきの時期なのに、村で共有している牛や馬を吉川家は貸してもらえない。満江が通う高校の校長は、法よりも道徳が大切だと遠回しに満江を責める。でも社会科担当教師の香山（乙羽信子）は、あなたは間違っていない、と満江を励まし続ける。

状況を知った本多記者は、この村八分についても記事にする。多くの新聞や雑誌、そしてラジオの取材が村に押し掛ける。ただしメディアは吉川家を救わなかった。本多のキャラクターもかなりいいかげんだ。意図したかどうか分からないが、七〇年近く前の映画なのに、今と変わらないメディアの問題が提起されている。
特筆すべきは村の閉鎖性と普遍性だ。いくら記事を書いても状況は変わらないことにいら立った本多が、「泥沼にくいを打ち込んでいるみたいだ」と妻に言って、「日本中が泥沼さ」と続けるシーンがある。ラジオの取材でマイクを向けられた村人は「吉川満江さんをどう思う

か」と問われ、「何も考えてない」と即答する。満江の高校で「生徒大会」が行われ、「純朴な村人たちだ」との意見に「だから悪い人に利用されるんだ」と反論の声が上がる。安易に善悪を対置させることを敢然と拒否している。

こうした映画が今は撮りづらい理由は、吉川家以外の村人（つまり一般の人）たちを加害者として描くことになるからだ。善意のままの加害。だからこそ暴走する。そんな事例はいくらでもある。映画はそれを提示する。社会にけんかを売っている。

テーマはまさしく同調圧力。悩む村人もいるが、自分が村八分になるので声を上げることができない。いわゆる村落共同体的メンタリティー。

まさしく日本社会の縮図であり原点であることを実感した。そして昔の邦画が、これほど果敢に現実に切り込んでいたことも。

『村八分』（一九五三年）
監督／今泉善珠
出演／中原早苗、藤原釜足、英百合子、乙羽信子

〈二〇二一年一一月一六日号〉

V

20211130-20220426

41 薄っぺらで気持ち悪い在日タブーを粉砕した映画『月はどっちに出ている』の功績

新宿梁山泊の公演に通った時期がある。かつて新劇の養成所に所属していた頃の同期の友人で、その後に状況劇場に所属した黒沼弘己が旗揚げのメンバーだったからだ。その黒沼や代表の金守珍《キムスジン》、六平《むさき》直政などの顔触れが示すように、旗揚げ時の新宿梁山泊は、状況劇場の分派的な色合いが強かった。でもすぐに独自路線を歩み始める。その原動力の一つが、座付き作家として戯曲を書き続けた鄭義信《チョンウィシン》の存在だ。

公演終了後は、テント内で行われる打ち上げにも参加した。焼酎が入った紙コップを手に、まるでいつも怒っているかのように大きな声でしゃべるウォンシルさんを知ったのはその頃だ。その外見と声で、舞台では極道や暴力的な男の役が多かったウォンシルさんは、最初はちょっと怖かったけれど、実はシャイで人懐っこい男だった。

文学座養成所で同期の松田優作に、俺は（在日であることを）カミングアウトしたけれどおまえはしないのか、と言ったことがあるとか、娘が二人いて長女は障害があるとか、今の生活は配膳会のバイトで支えているとか、切ない話もいろいろ聞いた。でもいつもウォンシルさんは豪快に笑っていた。直情径行。実はデリケート。裏表がない。大好きな人だった。

『月はどっちに出ている』は、そのウォンシルさんのスクリーン・デビュー作だ。原作は

梁石日《ヤンソギル》で監督は崔洋一。そして脚本は崔と鄭義信だ。全て在日コリアン。画期的だ。一九九三年のキネマ旬報日本映画ベスト・テンで本作は一位となり、監督賞、脚本賞、主演女優賞まで獲得している。

その影響は大きい。この映画以降、行定勲が監督した『GO』や崔洋一の『血と骨』、井筒和幸の『パッチギ！』など、在日を正面から取り上げる作品が増えた。言い換えれば、この少し前の井筒の『ガキ帝国』と共に、それまでの（薄っぺらで根強くて気持ち悪い）在日タブーを、この作品は邦画の世界で粉砕した。

とはいえ肩ひじは張っていない。全編通してトーンはコメディだ。だからこそ重いテーマが深々と突き刺さる。

主人公の姜忠男が運転するタクシーに乗った若いサラリーマンは酔っぱらって上機嫌のまま、忠男の名字の「姜《カン》」を、何度訂正しても「ガ」と呼び続ける。つまり名前を呼びながら名前に興味がない。さらに乗り逃げ。帰社した忠男に同僚が言う。「チューさん（忠男）のことが好きだ。朝鮮人は嫌いだけど」

差別と被差別。する側とされる側。集団になったとき、人は振る舞いを変える。相手も個ではなく集団の一部になる。こうして一人ひとりは無意識で善良なまま人を傷つける。月はどっちに出ている。それは決められない。どちら向きに立つかで方位は変わる。忠男が恋するフィリピーナ。同僚の出稼ぎイラン人。さまざまな国籍を持つ人が日本に暮らしている。大切なことは、自らの個を意識しながら、相手を個として見つめること。

本作に出演した後に『新・居酒屋ゆうれい』『おくりびと』などに出演したウォンシル(朱源実《チュウウォンシル》)さんは、二〇一一年に妻と娘二人を残して胃癌で逝去した。

この時期はたまたま疎遠だった。だから後で知った。悲しいというより悔しい。今も笑顔を忘れない。たぶんこれからもずっと。

『月はどっちに出ている』(一九九三年)
監督/崔洋一
出演/岸谷五朗、ルビー・モレノ、絵沢萠子、小木茂光

〈二〇二一年一一月三〇日号〉

42 様式美がクセになる『男はつらいよ』シリーズの不器用で切ない例外

タコ社長が大好きだ。旅から帰ってきた車寅次郎が、おいちゃんやおばちゃん、さくらや博たちと、とらやの奥の居間で日本酒を飲みながら団欒するとき、タコ社長が現れてくれないと物足りない。

とらやの裏口から登場するときはほぼ必ず、いないはずの寅次郎の悪口を大声で言いながら現れる。居間に座っている寅次郎に気付いたタコ社長は大慌てして、おいちゃんたちはやれやれと諦め顔。怒った寅次郎から最後には「このタコ」と頭をたたかれる。まさしく様式美だ。

ようやく登場しても、タコ社長はめったに居間に上がらない。たたかれた頭をさすりながら上がり框《かまち》に腰を掛けた姿勢のまま、車家のだんらんに参加する。そのさりげない慎ましさが切なくていとおしい。テレビドラマ時代を経て映画『男はつらいよ』シリーズが始まったのは一九六九年。僕はその当時は観ていない。大学で映研に所属した頃も、盆と正月に上映される『男はつらいよ』をわざわざ映画館に観に行こうとは思わなかった。だって学生は貧乏だ。時おりテレビでも放送される『男はつらいよ』を観るならば、まず放送されない藤田敏八《としや》や神代《くましろ》辰巳、ルイ・マルやサム・ペキンパーを選んだはずだ。

ただし一回だけ、正月に友人に誘われて観た記憶がある。ストーリーはほぼ覚えていない。マドンナ役は木の実ナナだったような気がする。

つまり本格的に観始めたのは最近だ。シリーズは全五〇作。もちろん全部は観ていない。でもコンプリートしたと言う友人は少なくない。様式美にはまるのだろうか。

ストーリーは基本的には毎回同じ。旅先で出会ったマドンナに寅次郎は恋心を抱く。マドンナも寅次郎に対して信頼を寄せる（決して恋心ではない）。やがて寅次郎は旅を終えて柴又に戻り、マドンナとの関係は寅次郎の片思いのまま。紆余曲折あるが、最後にはマドンナの恋人が現れて、傷心の寅次郎は再び旅に出る。時にはマドンナのほうが積極的になるが、この場合は寅次郎が逃げ腰になって、自ら身を引くことがルーティンとなっている。

でも出演回数が最も多いマドンナであるリリー（浅丘ルリ子）との関係は、その様式から外れていた。『男はつらいよ　寅次郎相合い傘』では明らかに二人は相思相愛で、一線を越えた関係になったと思わせるシーンもある。さくらがリリーに兄と結婚してくれないかと頼んだとき、リリーは真顔で「いいわよ。あたしみたい

な女でよかったら」と答える。喜ぶとらやの面々。そこへ帰ってきた寅次郎にさくらはリリーの返事を伝えるが、「冗談なんだろ」と真顔で寅次郎はリリーに言い、リリーは笑顔で「そう、冗談に決まってるじゃない」と返す。恋愛ドラマとしてはやっぱり様式美ではあるけれど、二人の不器用さが切ない名シーンだ。

全作を通じてタコ社長を演じた太宰久雄は、渥美清が死去した二年後の九八年に逝去した。終盤の作品では、ずいぶん痩せていた。これじゃタコじゃなくてイカ社長だと笑っていたという。なんか切ない。寅さんもタコ社長も、おいちゃんもおばちゃんも御前様ももういない。今の僕にとって『男はつらいよ』は、一言にすれば切ない映画だ。

『男はつらいよ　寅次郎相合い傘』（一九七五年）
監督／山田洋次
出演／渥美清、倍賞千恵子、浅丘ルリ子、船越英二

〈二〇二一年一二月一四日号〉

43 松元ヒロが被写体の映画『テレビで会えない芸人』に感じた　ＴＶマンの歯ぎしり

何をきっかけにヒロさんのライブに通うようになったのか。それほど昔のはずはないけれど、どうしても思い出せない。

とにかくいつの間にか観始めた。そして今は、東京で公演があるときはほぼ欠かさずに通うようになった。

ヒロさんの基本はスタンダップコメディ。つまりベースは笑い。ネタは基本的に政治風刺と社会風刺。ユーモアとペーソス。揶揄と物まねとパントマイム。大笑いしながら観客は、時おり吐息をつく。ヒロさんが炙り出すこの国の政治や社会状況に、笑っている場合じゃないんだよなあ、と嘆息する。でも次の瞬間にまた大爆笑。

ヒロさんをテレビで見ることはまずない。その理由が僕には分からない。現政権に批判的なギャグが多いからだろうか。あるいは現行憲法への支持を主張するからだろうか。政治的で社会的なスタンスを明確にすることを、テレビ（だけではなく日本のメディア）は嫌う。その理由もやっぱり分からない。中立公正原則に反していると思われるからだろうか。でも欧米では、政府や社会秩序を毒舌たっぷりに批判したレニー・ブルースも含めて、多くのスタンダップコメディアンが昔も今も当たり前のようにテレビに出演している。

おそらく日本は、（特に選挙報道が典型だが）メディアも含めて社会全体が沈黙することで、デモクラシーを実現しようとしているのだろう。欧米は逆だ。メディアそのものも含めて多くの人が、積極的に政治的な発言をして議論することで、デモクラシーを実現しようとする。より成熟したデモクラシーを実現するのはどちらなのか。そんなのここに書くまでもない。

かつて対談したとき、ヒロさんはこんなことを僕に言った。

「タブーといわれることをみんなが恐れて触れなければ、やっぱりタブーは肥大しますよね。でも多くの人は言えない。タブーですから。だから僕が言う。それによって気づく人はきっといる。所詮《しょせん》はお笑いですが、だから逆に強いんですよね」（森達也『FAKEな日本』）

多数派が形成する欺瞞の安定。見て見ないふりの表層的な調和。松元ヒロはそこに笑いの刃《やいば》を突き立てる。メディアによって不可視の領域に置かれた要素を露呈する。だからこそ日本のテレビは、リスクヘッジやコンプライアンス、ガバナンスなどの言葉を潤滑油に使いながら、彼を敬遠する。不可視にする。

舞台はいつも大入り。しかしテレビで会うことはできない。その唯一無二のポジションを、こうしてヒロさんは獲得した。

テレビに出演できない松元ヒロを被写体にしたドキュメンタリーをテレビ局が作る。明らかな論理矛盾だ。その番組『テレビで会えない芸人』は二〇二〇年に観た。率直な感想は、まあこんなものかだった。それが再編集されて映画になった。観終えてうなる。明らかにテレビ版とは違う。何が加わったか。それはこの作品を作ったテレビマンたちの歯ぎしりだ。描写される松元ヒロの過去と現在に、本番前の日常やたたずまいに、今のテレビ業界の自責や焦燥、怒りや煩悶、そして覚悟が、身震いしながらしっかりと重ねられている。

観終えて思う。これは松元ヒロを触媒にしたテレビの自画像ドキュメントなのだと。

『テレビで会えない芸人』（二〇二二年）
監督／四元良隆、牧祐樹
出演／松元ヒロ
〈二〇二一年一二月二八日／二〇二二年一月四日合併号〉

44 映画『泥の河』に隠されたテーマ
巨大な鯉は死と再生のメタファー……だけではない

サンフランシスコ平和条約が発効してから四年が過ぎた一九五六年。朝鮮戦争の特需をきっかけに、日本は高度経済成長へと向かおうとしていた。「もはや戦後ではない」はこの年のキーワードだが、逆に言えばそう唱えなければいけないほどに、まだ誰もが貧しい時代だった。

大阪の安治川河口にあるうどん屋の一人息子である信雄は、同じ九歳の喜一に橋の上で出会う。二人の服装はいつもあかじみたランニングに半ズボン。この時代の男の子の基本的なファッションなのだろう。でも信雄には、粗末な掘っ立てではあるけれど家があって、父と母もいる。

喜一に父はいない。泥とヘドロが堆積する安治川に浮かぶ小さな木造船で、母と二歳上の姉と共に暮らしている。この姉と弟は学校に行っていない。最低限の生活インフラからこぼれ落ちた存在だ。

船の中で区切られた小さな部屋に暮らす母親の笙子は、この世の人とは思えないくらいに妖艶で美しく、喜一たちと一緒に遊んでくれてありがとうとほほ笑むが、信雄は何も答えることができない。

笙子のなりわいを察した信雄の父・晋平は、夜にその船に行ってはいけないと、息子に言う。でも晋平と妻の貞子は幼い姉と弟を家に呼び、自分たちの子どものように温かくもてなした。最初は喜んでいた姉の笑顔が、小さなワンピースを貞子から渡されかけてこわばった。施されることへの幼いいら立ちと抵抗に、晋平と貞子は気付かない。

物語は信雄の視線を軸に展開する。楽しみにしていた天神祭。手をつないで露店を見て歩く信雄と喜一は、もらった小遣いをいつの間にか落としてしまう。落ち込む信雄を船の家に誘った喜一は、びっしりと小さな蟹《かに》がはい回る竹ぼうきを泥の河から引き上げる。ランプの油を塗られて火を付けられた蟹は燃えながら逃げる。蟹は三匹。そして二つの家族もそれぞれ三人。蟹を追った信雄は船の小さな窓から、裸の男とむつみ合う笙子の姿を目撃する。男に組み伏せられながら信雄を見つめ返す笙子。

九歳の信雄は死と性に気付きかける。そして戦争で多くの人が死んで深く傷ついた日本は、すぐ隣の国で始まった戦争をきっかけに、経済成長のステップを上がり始めている。

冒頭に登場するお化けのような巨大な鯉《こい》は、（原作で明らかなように）死と再生のメタファーだ。見えるのは子どもだけ。大人になると見えなくなる。原作では去りゆく喜一たちの船の後をお化け鯉が追ってゆく。でも小栗康平監督はその場面をカットした。その帰結として人を無慈悲に呑むお化け鯉は、死と再生以外にもう一つのメタファーを与えられた。

この少し前まで（あるいはこれ以降もずっと）日本を占領していたアメリカだ。そう解釈すれば、物語に隠されていたテーマの輪郭が明確になる。『自転車泥棒』や『スタンド・バイ・ミー』など、短い期間に凝縮された少年の成長を描く作品は数多い。本作もその一つだが、作品全体が暗示するのは信雄の成長だけではなく、連合軍総司令官マッカーサーから一二歳の少年のように未成熟と言われた戦後日本でもある。

少し強引かな。うん。我ながらかなり強引だ。でも映画は解釈のメディア。一人ひとりの解釈に正も誤もないと思っている。

『泥の河』（一九八一年）
監督／小栗康平
出演／田村高廣、藤田弓子、朝倉靖貴、加賀まりこ
〈二〇二二年二月一日号〉

45 制作期間は七年超、アニメ映画『音楽』は全てがシンプルだからこそ斬新で衝撃的

公開前にプロデューサーの松江哲明から宣伝用のはがきを渡されたとき、表面に印刷されたメインビジュアルを見て、こんな稚拙なタッチで映画になるのだろうかと出来を危ぶんだことを覚えている。

しかもタイトルは『音楽』。ひねりが全くない。普通ならサブタイトルを付けたくなるはずだが、それもない。『音楽』のみ。その意味では潔さが過ぎるほどに淡白だ。映画の内容が全く想起できない。

おそらくは映画を観る前に、（僕も含めて）そんな思いを抱いた人は少なくないだろう。そしてそんな人たちの多くは、たぶん観始めて二〇分が過ぎる頃、すっかり映画に見入っていたはずだ。

ストーリーはシンプルすぎるくらいにシンプルだ。不良高校生で他校の不良たちとけんかばかりしていた研二と太田と朝倉は、ふとバンドを始める。口火を切ったのは研二だが、そのきっかけの描写もシュールで淡い。劇的な要素は全くない。

三人は楽器を学校の音楽室から無断で拝借するが、編成はベースギターが二本とフルセットではないドラムだけ。しかも三人はチューニングすら知らない。ところが適当に出した

「音」で、三人は何かに覚醒する。以下はそのときのセリフ。

朝倉「俺も」
太田「俺も」
研二「今のさあ、すーげえ気持ちよかった」

……これだけだ。でも三人は演奏に熱中する。このシーンだけではない。とにかく徹底して説明はない。そしてノンモン（音のない）の静止画が長い。だから観る側は観ることだけに集中できない。じっと動かない研二の顔を見つめながら、いろいろな思念が湧いてくる。あるいは思い出す。

例えば自分の高校時代。その頃に聴いていた音楽。淡い初恋。誰かのその後の消息。……映画に凝縮された誰かの青春を観るだけではなく、過ぎ去った自分の青春も思い出す。

同時に、観ながらつくづく思ったけれど人類にとっての音楽のアーキタイプは、（最初の音楽は歌ではないかと推察されているが）やはりメロディではなくリズムなのだろう。研二たちのバンドにメロディはない。リズムだけだ。でも響く。何かに届く。何かを揺さぶる。

悪そうな奴はたくさん出てくる。でも本当に悪い奴は一人もいない。登場人物の一人ひとりが愛おしい。仮に実写だとしても、これほどにドラマツルギーから悪意を排除した作品はそうはない。

アニメについては決して詳しくないが、素人目には稚拙で行間の多い展開だからこそ、終盤の（実写映像をトレースしてアニメにする）ロトスコープの衝撃は強い。

資料によれば、制作期間は約七年超で、作画枚数は四万枚超。監督の岩井澤健治は、これを全て一人で手描きしたという。CGは一カ所もない。ロトスコープだって実は古くからあった技法だ。その意味では旧態依然のアニメなのに、とても斬新なアニメ映画として完成した。

岩井澤と松江に言いたい。ありがとう。良い仕事だ。次作を期待している。

『音楽』（二〇一九年）
監督／岩井澤健治
声の出演／坂本慎太郎、駒井蓮、前野朋哉、芹澤興人

〈二〇二二年二月一五日号〉

46 三六年ぶりに『台風クラブ』を観て、変化した自分と映画の本質を思い知る

長谷川和彦監督の伝説的な映画『太陽を盗んだ男』にワンカットだけ出演したことは、この連載で以前に書いた。待機時間を入れても午前中いっぱいくらいの現場体験だったけれど、僕を呼んだ制作進行（当時）の黒沢清から紹介されたチーフ助監督が、何やかやと気を遣ってくれたことを覚えている。

小柄でひげ面。どちらかといえば寡黙。でも細やか。ディレクターズチェアにどっかりと座った長谷川監督がイメージどおり豪放磊落《らいらく》な演出をしていたから、この業界にもいろんなタイプがいるんだな、と思ったことも記憶にある。

彼の名前は相米慎二。翌年の一九八〇年に『翔んだカップル』で監督デビューを果たす。さらに八一年には『セーラー服と機関銃』で興行的な成功を収め、八三年の『魚影の群れ』を挟んで、八五年に『台風クラブ』を発表した。

本作のカット割りは最小限。基本はワンシーンワンカット。寄りはほとんどない。つまり引きが多い。照明はぎりぎりまで自然光。暗い。そして遠い。だから俳優の表情は分かりづらい。

ならば芝居はアバウトになるはずだ。そう思いたくなるが、現場で相米は俳優たちをサ

ディスティックなまでに追い込むことが普通だったという。チーフ助監督時代の柔和なイメージはどこにいったのだろう。ワンシーンのテストだけで、まる一日どころか二日かけたとの逸話もある。

夜のプールサイドで水着姿の女子中学生たちが踊り狂う冒頭のシーンも含めて、映画を支配するのは未成熟な狂気だ。経験を積めば予想できるはずの因果や展開が、一〇代半ばの少年少女には分からない。自分の感情をコントロールできない。常に現在進行形なのだ。

だから時として取り返しのつかないことをする。台風が到来する直前の胸騒ぎが、中学生たちの内面からあふれる狂気と同調する。台風が暗喩する非日常は、この時期の彼らにとって日常だ。でも彼らはやがて大人になる。日常と非日常が逆転する。その直前の通過儀礼である数日を、映画は鮮やかに描いている。

いっぱしの映画青年を気取っていた時期だからこそ、モンタージュなど映画の作法をアバンギャルドに否定する『台風クラブ』は衝撃だった。ただし補足するが、カットのモンタージュは少ないがシーンのモンタージュは見事だ。教師も含めて多くの主人公がパラレルに、それぞれのストーリーを紡ぐ。例えて言えば、句読点の位置が独特なのだ。

……ここまでは、二〇代後半の時期にこの作品を観たときの感想。当時の記憶を振り絞りながら書いた。このレビューを書くために、ＤＶＤでもう一回観た。

観終えて今、ちょっと唖然としている。印象がずいぶん違う。輝きがない。当時は共感できたカットに自分がシンクロできない。置き去りにされたような感覚だ。三六年の年月で何が起きたのか。

もちろん映画は変わっていない。変わったのは僕だ。日常が非日常を覆い隠した。年月の堆積が感覚を摩耗した。あるいは研磨されることで鋭くなった。

おそらくこれは映画の本質のひとつ。見方が固定されていない。二〇年後くらいにもしも観たら、また違う感想を持つかもしれない。

『台風クラブ』（一九八五年）
監督／相米慎二
出演／三上祐一、紅林茂、松永敏行、工藤夕貴

〈二〇二二年三月一日号〉

47 和田アキ子主演、低予算でご都合主義なのに『裸足のブルージン』はなぜ面白かったのか？

『裸足のブルージン』の公開は一九七五年。西河克己が監督した『絶唱』とのカップリング上映だったようだが、僕は『絶唱』を観ていない。当時は映画を封切りで観ることはまずなかったから（だってロードショーは高い）、『裸足のブルージーン』については、例によって池袋か高田馬場の名画座（二番館か三番館）の藤田敏八《としや》監督特集などで観たのだろう。観たのはそのとき一回だけ。本来なら原稿を書く前に再見すべきだ。ところがDVDは出ていないようだ。配信ももちろんない。

でも書きたい。思い込みや誤読や無自覚な記憶の編纂があるかもしれないが、それも含めて映画体験なのだ。だから以下は、自分の記憶とネットで拾った情報の断片の合作だ。

主演は和田アキ子。つまり山口百恵が主演した『絶唱』とのカップリングが示すように、ホリプロの製作だ。要するにアイドル映画。だから他の出演者たちも、この時期のホリプロ所属のタレントが多い。

でももちろん、ホリプロ一色では映画にならない。脇を固めるのは原田芳雄、山本伸吾、中原早苗、テレサ野田、伊藤雄之助、大門正明など藤田敏八の映画の常連俳優が多い。

藤田監督の作品なら、本来は『赤い鳥逃げた？』か『八月の濡れた砂』を取り上げるべきかもしれない。評価も知名度も本作よりはるかに高い。でも僕はこの二作品が苦手だ。嫌い、ではない。苦手という言葉がぴったりくる。これ見よがしがどうしても鼻につくのだ。

しかし本作には、その意味で気負いがない。どうせアイドル映画だと力が抜けている。だいたいブルージーンってなんだ。ポスターのメインビジュアルはブルーのジーンズをはいた和田アキ子。ジンじゃなくてジーンです、と誰も指摘しなかったのか。でもその緩さがいい。

舞台は地方都市にあるドライブイン。オーナー・とし江（和田）の恋人だったプロボクサーの風間は、今は亡くなっている。そのドライブインが、地権者だか金貸しだったか、伊藤雄之助演じるボクシングジムの会長の企みによって売却されそうになる。

　そこへ風間の古い友人だった山本（原田芳雄）がやって来る。とし江の弟の久（山本伸吾）は二階の床に穴を開けて、真下にいる会長のウイスキーのグラスに青酸カリを垂らして殺害しようとする。そこにもう一人ボクサーがやって来て、泥酔した山本と殴り合いを始めそうになる。
　ロケはほぼドライブインの中と周囲だけ。時間軸もほぼ一日。明らかに低予算映画だ。
　ちなみに山本と殴り合い寸前になるボクサー

は、実際にフェザー級世界チャンピオンだった西城正三だ。このシーンがとてもスリリングだったことは覚えている。青酸カリのシーンも印象に残っている。普通に考えれば、仮に会長殺害に成功したとしても犯行はすぐにばれる。完全犯罪だなどと思うほうがおかしい。つまりストーリーはご都合主義。でも面白い。理由はよく分からない。だから確かめたい。……今回は中身のない論考になってしまった。申し訳ない。可能なら再見したい。そして確かめたい。なぜ面白かったのか。あるいは僕の思い込みか誤読か記憶の編纂なのか。でも仮にそうであっても、（もう一回書くが）それも含めての映画体験なのだ。

『裸足のブルージン』（一九七五年）
監督／藤田敏八
出演／和田アキ子、原田芳雄、片平なぎさ

〈二〇二二年三月一五日号〉

48 クズは人の基本型？ 姑息で卑小な人間を『競輪上人行状記』は否定しない

これだけ連載が続いた今頃になって書くことではないけれど、どちらかといえば邦画はそれほど観ない。これまでの生涯で観た映画の量としては、圧倒的に洋画が多いはずだ。

でもせっかくこの連載を与えられたのだから、今はできるだけ観るようにしているし、古い記憶を必死に振り絞って書いてもいる。

でも記憶を振り絞ろうにも、邦画が黄金期だった昭和二〇年代から三〇年代の映画は、(時おり名画座で特集上映されていた)黒澤明や小津安二郎、成瀬巳喜男《みきお》などは別にして、ほとんど観ていない。見逃している面白い映画はたくさんあるはずだ。

そう考えて、友人の邦画マニアに相談した。

何かおすすめある？

ああ、いくらでもあるよ。

……というわけで今回は、すすめられた映画第一弾。そもそも『競輪上人行状記』というタイトルを僕は知らなかった。日活ロマンポルノを代表する西村昭五郎の監督デビュー作で、脚色は大西信行と今村昌平。主演は小沢昭一。脇を固めるのは加藤嘉と南田洋子、加藤武に高橋昌也、小山田宗徳、そして渡辺美佐子。

内容をあえてひとことにすれば、脚色の今村の造語である「重喜劇」だ。つまりアンリ・ベルクソン。アイロニーとユーモア。主人公は競輪で身を持ち崩す僧侶の伴春道。テンポは軽妙で速いが、テーマはずっしりと重い。原作者は浄土宗僧侶で作家、競輪愛好家でもあった寺内大吉だから、自身をモチーフにしているのは明らかだ。

　何よりも、『ツィゴイネルワイゼン』や『陽炎座』など鈴木清順監督作品で知られる永塚一栄のカメラワークがすごい。斬新で挑発的なのだ。家出した教え子を単身で捜す熱血教師。

葬式仏教を否定して仏道に覚醒したストイックな僧侶。競輪で莫大な借金をつくってヤクザから逃げ回るチンピラ。義姉に欲情しながらかつての教え子を連れて競輪の予想屋となる男――。これが全て一人の男なのだ。とにかく先が読めない。

　小沢演じる主人公の春道は、人生にもがきながらどんどん堕《お》ちる。高潔なのに卑小。賢いのにバカだ。飲み屋のチンピラたちから追われる春道が蒸気機関車の煙に消えてゆくショットが、メタフォリカルで素晴らしすぎる。

　春道だけではない。弟分の僧侶を演じる高原駿雄や春道を競輪に誘う加藤武、息子の嫁に手を付ける加藤嘉、最後の大ばくちで負けて無理心中を図る渡辺美佐子まで、とにかく登場する人のほとんどがクズだ。

だから観ながら思う。クズは人の基本型かもしれないと。あるいはアーキタイプ。要するに仏教でいえば凡夫。寺内が帰依した浄土宗の宗祖である法然は、（自身も含めて）凡夫こそ救われると説いている。この原作に、今村の持ち味である「聖と俗」のダイナミズムが重なる。あるいは、人間だから堕ちるのだ、堕ちるべき道を正しく堕ち切ることが必要だ、と唱えた坂口安吾の『堕落論』を想起した人も、僕も含めて少なくないはずだ。

一人ひとりは姑息だ。卑劣ですらある。でも映画はそれを否定しない。むしろ肯定する。ラストの長いカットに、人間を肯定するテーマが集約されている。

『競輪上人行状記』（一九六三年）
監督／西村昭五郎
出演／小沢昭一、加藤嘉、河合健二、南田洋子
〈二〇二二年三月二九日号〉

49 『突入せよ！「あさま山荘」事件』を見て激怒、若松孝二が作った加害側の物語『実録・連合赤軍』

連合赤軍によるあさま山荘事件が起きた一九七二年二月から五二年が過ぎた。二〇二二年五月には、日本赤軍元最高幹部の重信房子が二〇年の刑を終えて出所した。いろんな意味で節目の年だ。山荘に警察が突入した二月二八日、これを実況するテレビの総世帯視聴率は最高九〇％近くに達している。

でも本当の衝撃はその後だった。山荘に立て籠もる前、群馬県山中に築いたアジト（山岳ベース）で彼らは同志に対してリンチ殺人を行い、二九人のメンバー中一二人を殺害して地中に埋めていたことが発覚する。

僕はまだ子どもだったけれど、あさま山荘事件に続いて山岳ベース事件が明らかになったとき、周囲に多少はあった「学生ガンバレ」的な温度が明らかに下がったことを覚えている。言葉にするなら、そこまでやるのかという衝撃と嫌悪。これ以降、日本の新左翼運動は大きく退潮する。

この事件をテーマにした映画は僕の知る限り三本だ。高橋伴明監督の『光の雨』は二〇〇一年。翌年に原田眞人監督による『突入せよ！「あさま山荘」事件』が公開され、今回取り上げる『実録・連合赤軍 あさま山荘への道程《みち》』を若松孝二が発表したのは〇八年だ。

この映画を撮るために若松は自宅を抵当に入れただけではなく、自身の別荘をあさま山荘のロケセットとして提供し、実際の山荘そのままに水浸しにして破壊した。つまり徹底した低予算映画。リアルな緊張感を演出するために若松はキャストに山中合宿を命じ、マネジャーの帯同を禁止し、メイクや衣装も自前で用意させた、などと言い伝えられている。まあそうした狙いもあったのかもしれないが、本当の理由は予算節減じゃないかな。

なぜこれほどに凄惨な事件が起きたのか。冷血で残虐な人たちが、たまたま同じ政治理念で集まったのか。もちろん違う。むしろ高邁な理念を掲げた純粋な人たちだ。だからこそ暴走する。

人は集団化する生きものだ。特に集団が閉鎖的で不安や恐怖が高まったとき、個の感覚や理性は集団の論理に圧倒され、全体で同じように動く傾向が強くなる。つまり同調圧力が加速する。全体で同じ動きをするために号令を求め、強いリーダーに服従したいとの衝動が大きくなる。

同じ動きをするためには強いリーダーが必要になる。こうして自分たちが造形したリーダーに誰も逆らえなくなり、集団は大きな過ちを犯す。連合赤軍だけではない。オウム真理教もホロコースト（ユダヤ人大虐殺）もスターリンの大粛清も文化大革命も大日本帝国の御前会議も、そのメカニズムは閉ざされた集団の暴走だ。

連合赤軍と対峙する警察に視点を置いた『突入せよ！「あさま山荘」事件』を見て、若松は激怒しながら本作を作ることを決意したという。

事件や事象を理解するには、被害側と加害側双方の視点が必要だ。でも世の多くの人は、加害側の物語を好まない。だから被害者意識が疑似の主語となって加害者のモンスター化が進む。冷血や残虐などの言葉が既成事実となる。でもそれは絶対に違う。純粋で善良だから危険なのだ。

公開時に、ラストについて「あれはない」と言う人は僕の周囲でも少なくなかった。でも僕はこのラストを支持する。大切なことは個を保つこと。暴走する集団の空気を壊すほんの少しの勇気なのだ。

『実録・連合赤軍 あさま山荘への道程』（二〇〇八年）
監督／若松孝二
出演／ARATA、坂井真紀、並木愛枝、地曳豪

〈二〇二二年四月一二日号〉

50 反体制を美化せず全共闘世代が発見した映画『真田風雲録』の価値

観て笑った。驚いた。考えた。

明治・大正期に講談や立川文庫などで国民的ヒーローとなった真田十勇士の物語を、劇作家で脚本家でもある福田善之が戯曲として発表したのは一九六二年。本作『真田風雲録』はその映画版だ。

当たり前すぎることを書くけれど、映画は時代と切り離せない。ならば一九六二年はどんな年か。キューバ危機で米ソ間の緊張が高まって世界中が核戦争を覚悟した。ビートルズとボブ・ディランがレコードデビューした。日本では植木等のヒット曲を受けて映画『わかっちゃいるけどやめられねぇ』が製作され、六〇年安保の熱気と余波が熱く息づいていた。

その六〇年安保を大坂冬の陣・夏の陣に置き換えて、歌あり踊りありで描いた戯曲は群像劇だったが、映画版は猿飛佐助（萬屋錦之介）と、実は女性のお霧こと霧隠才蔵（渡辺美佐子）のラブロマンスに物語の主軸を置いている。

佐助は幼い頃に飛来した隕石の放射能の影響で、人の心を読む超能力を与えられたという設定だ。つまりゴジラの忍者バージョン。ならばメッセージは反核。でも硬直していない。ギャグの気配もある。今ならば炎上案件だ。

圧倒的な兵力で豊臣方を攻撃する徳川方の武将は、豊臣方の兵士に「無駄な抵抗はやめなさい」と呼び掛ける。つまり彼らは六〇年安保における機動隊であり、その本丸は岸信介政権だ。そして作戦会議で「異議なし！」と声を上げる豊臣方は安保反対を主張する革新勢力で、真田幸村率いる十勇士は、全学連主流派の位置付けになるのだろう。ギターを手にした由利鎌之助（ミッキー・カーチス）が、行軍中にいきなりカメラに向かって状況の説明を始める。まだ若い米倉斉加年に常田富士男、田中邦衛にジェリー藤尾が歌い踊る。

この合戦がどのように終わるかを、佐助は超能力で知っているはずだ。そしてその絶望は、お霧との切ない恋に終止符を打つ決意に暗示される。百姓は付いてこない、とのせりふが示すように、先鋭化した運動はやがて大衆からの支持を失う。結果は明らかだ。孤立無援となった反権力は権力に鎮圧される。

公開前は東映でも左翼の映画だとの声があったようだが、監督の加藤泰は決して反体制を美化しない。かっこよく死にたいが口癖の真田幸村（千秋実）は、転んで刀が刺さってかっこ悪いとつぶやきながら死ぬ。大坂城本丸で最期を覚悟したニヒルな大野修理（佐藤慶）は、火に巻かれて「熱くなってきたな」とつぶやき、しばらく我慢してから「熱い！」と叫んで跳び上がって死ぬ。しかもその瞬間にストップモーションだ。

公開時は評論家などから黙殺されて、興行は六日間で打ち切られた。つまり大衆から支持されなかった。ところが七〇年代に入ると、全共闘世代の若者たちが再評価し、大学祭や自主上映会などで頻繁に上映されるようになったという。全学連の次の世代である全共闘が、「闘いと挫折」をテーマにしたこの作品に共感を抱いたという経緯は興味深い。

歴史は何度も繰り返される。結局のところ権力は人々を圧殺する。守るための武器が人を殺す。テレビニュースでウクライナの状況を見ながら、僕は吐息をつくばかりだ。

『真田風雲録』（一九六三年）
監督／加藤泰
出演／萬屋錦之介、渡辺美佐子、大前均、常田富士男

〈二〇二二年四月二六日号〉

VI

20220517-20220927

51
日常を「体験」する映画『わたし達はおとな』に釘付けになる理由

しばらく旧作が続いたけれど、今回は新作『わたし達はおとな』だ。

大学でデザインの勉強をしている優実は、演劇サークルのチラシを作ったことがきっかけとなって、プロの演出家を目指している直哉と交際を始める。

やがて優実は妊娠していることに気付くが、子どもの父親が直哉であるという確信を持てない。その苦悩を打ち明けられた直哉は、一旦は生まれてくる子どもの父親になる決意をするが、その気持ちは時間の推移とともに揺れ動く。

それぞれ元カノへの思慕や元カレの未練、嫉妬なども重なり、二人の関係は少しずつぎくしゃくし始める。

優実役は、映画『菊とギロチン』で女相撲の力士を、そして僕の映画『福田村事件』で新聞記者を演じた木竜麻生。直哉役は藤原季節。全編の半分近くは二人のやりとりだ（尺ではなく感覚としてだが）。

いきなりネガティブな指摘をするが、まずはタイトルが良くない。もう少し何とかならなかったのか。タイトルから想起すれば、テーマは若者の成長ということになるが、その試みが成功しているとは言い難い。二人は目に見えるような変化はしない。でも逆に言えば、数カ月のスパンを切り取った映画なのだから、目に見えるような変化は嘘くさいと感じるかもしれない。

決して大きな物語ではない。どこにでもある話。でも目を離せない。リアルすぎるのだ。主演の木竜と藤原だけではなく、二人の学友などを演じる他の俳優たちの演技もありえないほどリアルだ。タイトルなどどうでも良くなる。

例えば喫茶店で数人が飲み物をオーダーするとき、「すいません」と店員を呼ぶ声が重なる。当たり前だとあなたは思うかもしれない。でも一般的な演劇的空間ではこの状況で、せりふをかぶらせることはあまりしない。誰か一人に言わせるはずだ。
あるいはしゃべりながら照れ笑い。吐息。一瞬の間。同じ言葉の繰り返し。俳優の言葉や所作はとてもリアルだ。でもリアルを示すための演技ではない。はなからリアルなのだ。
監督の加藤拓也は演劇出身。本作は自身のオリジナル脚本による初の長編映画らしい。現場でどのように演出したのだろう。あるいはどんな脚本だったのだろう。
書くまでもない補足だが、舞台と映画とでは芝居の質が違う。似て非なるものの典型だ。舞台の名優が映画でも名優とは限らない。逆もまたしかり。つまり本作の演出について、監督である加藤が舞台出身だからできたと考えるのは間違いだろう。

それにしても分からない。見ながら考える。脚本はあえて詳細を書き込まずに、現場で俳優たちと試行錯誤しながら作ったのだろうか。つまりドラマとドキュメンタリーの融合。あるいは状況だけを俳優に与えて、即興で演じさせる手法もある。要するにエチュード（即興劇）の延長。

そんなことを思いながらネットで検索していたら、加藤のこんなコメントを見つけた。「私達の生活を非日常で俯瞰して体験する、そんなことがテーマの映画です。一口にラブストーリーと言われてしまえばそれまでなのですが、繰り返し言わせていただきますとこれは生活の映画なのです。ドキュメンタリーじゃないですよ。アドリブもないですよ。映画だから」

うーむ。これを額面どおりに受け取っていいのか。悩む。してやられた。悔しい。

『わたし達はおとな』（二〇二二年）
監督／加藤拓也
出演／木竜麻生、藤原季節、菅野莉央、清水くるみ
〈二〇二二年五月一七日号〉

52 ドキュメンタリー映画『教育と愛国』が記録した政治の露骨な教育介入

二〇一五年八月、安倍晋三首相（当時）は戦後七〇年談話を発表し、「あの戦争には何ら関わりのない、私たちの子や孫、そしてその先の世代の子どもたちに謝罪を続ける宿命を背負わせてはなりません」と述べた。

いつまで謝罪しなければならないのか。何度賠償を要求されるのか。おそらくこれは、保守的な思想を持つ多くの日本人の気持ちの代弁でもあるのだろう。でも韓国や中国などかつて日本から加害されたアジアの国の多くは、決して謝罪や賠償だけを求めているわけではない。彼らの本意は謝ってほしい、ではなく、忘れないでほしい、なのだ。

しかし日本は忘れる。被害の記憶は語り継ぐが、加害の記憶は風化する。その意味で、長く論争の対象となってきた南京虐殺や従軍慰安婦問題はまだましだ。李氏朝鮮二六代高宗の妃を殺害した閔妃暗殺事件、オーストラリア兵・オランダ兵捕虜を殺害したラハ飛行場虐殺事件、市民一〇万人が犠牲になったマニラ市街戦での住民虐殺、中国で三〇〇〇人以上を人体実験で殺害した七三一部隊。ほかにも日本国や日本人が関わった虐殺は数多い。でも多くの人は知らない。忘れる以前にそもそもインプットされていない。

確かに失敗や挫折の記憶はつらい。できることなら忘れたい。なかったことにしたい。でもそれでは人は成長しない。個人史と同じだ。成功体験ばかりを記憶するならば、傲慢で鼻持ちならない人格になってしまう。同じ過ちを繰り返さないために記憶する。歴史を学ぶ意義はここにある。でも特に近年、こうした負の歴史を伝えることは自虐史観として、忌避される傾向がとても強くなっている。

〇六年、第一次安倍政権下で教育基本法にいわゆる「愛国心条項」が加えられた。その後も政治権力は教育に介入を続け、教科書は大きく変わり続けている。例えば道徳の教科書で、「パン屋」は「和菓子屋」に変えられた。理由はよく分からない。パンは西洋発祥だからなのだろうか。まさかそのレベルではないと思いたいけれど、他に理由が考えられない。

このエピソードをオープニングに置いたドキュメンタリー映画『教育と愛国』は、急激に接近する教育と政治の関係を描く。とはいえ、決してお堅い社会派映画ではない。そのテイストはホラーでありギャグでもある。ところがテーマは深刻だ。

歴史の記述をきっかけに倒産に追い込まれた教科書出版社の元編集者や保守派に支持される教科書の執筆者へのインタビュー、慰安婦問題など加害の歴史を教える教師や研究する大学教授への一方的なバッシング。無邪気にネットのフェイクニュースを信じる政治家たち。

……教育と愛国というキーワードを導線にしながら、多くの人が登場する。そもそもはテレビドキュメンタリーだったが、放送後に起きた日本学術会議の任命拒否問題なども取材して再構成を重ねて映画になった。

ロシア国民によるプーチン大統領への支持率が八〇％を超えていることを多くの人はいぶかるが、もしもあの時代にこの国で世論調査が行われたならば、ほぼ一〇〇％が中国侵攻や軍事政権を支持していたはずだ。

人は環境によりどのようにも変わる。だからこそメディアと教育は重要だ。そのメディアが愛国心に侵食された教育に挑む。二大怪獣の最後の決戦だ。

『教育と愛国』（二〇二二年）
監督／斉加尚代
出演／吉田典裕、池田剛、吉田裕、伊藤隆

〈二〇二二年五月三一日号〉

53 映画『橋のない川』で描かれるこの国の部落差別は過去形になっていない

一九九九年に発表したテレビドキュメンタリー『放送禁止歌』は、絶対的な放送禁止歌だと多くの人から思われてきた岡林信康の「手紙」を、ラストにフルコーラスで流した。なぜこの曲は放送禁止歌だと思われてきたのか。被差別部落問題をテーマにしているからだ。でも差別を助長するような内容ではない。そんな曲を岡林が作るはずはない。

なぜ差別があるのか。する側とされる側の何が違うのか。その差別の帰結として多くの人が苦しんでいる。「手紙」を書いた女性は、自らの苛烈な体験を訴える。でも声高ではない。小さくて弱々しい声だ。だからこそ歌が必要なのだ。

仕事柄、海外の学者やジャーナリストと話す機会が多い。今も世界にはさまざまな差別がある。でも日本の部落差別について、どうしても分からないと彼らは首をかしげる。民族は同じ。言語も宗教も同じ。ところが差別は今も続いている。

もちろん、民族や宗教の違いを理由に差別することだって論外だが、ならば日本の部落差別の理由と根拠は何なのか。職業差別なのか。でも仕事を変えても差別されると聞いた。教えてほしい。理由は何だ——。

そう言われても分からない。キーワードは穢《けが》れと浄《きよ》め。あるいは天皇制。どちらも日本固有の概念とシステムだ。でもそれだけが、一〇〇〇年以上にわたり多くの人たちを差別してきた理由になるとは思えない。

六九年に製作された『橋のない川』は、住井すゑが発表した同名小説が原作だ。『ひめゆりの塔』や『米』など多くの社会派ドラマを撮ってきた今井正監督はこの長編小説を読み、すぐに映画化をもくろんだ。しかし大手映画会社は企画に難色を示し、今井は自ら立ち上げた独立プロダクションで製作を開始する。

舞台は明治末期、奈良盆地にある被差別部落。日露戦争で父を亡くした小学生の誠太郎と孝二は、母と祖母と暮らしていた。地主から借りた田畑は小さい。しかも収穫のほとんどは地代として消えてしまう。稲わらの草履作りが一家の主な収入源だ。

小学校を卒業した誠太郎は村を出て大阪に奉公に行き、一家は三人となる。孝二の友達の武が空腹に耐えかねて豆を炊こうとして火事を起こすが、部落外から来た消防団は本気で消火活動をしようとしない。多くの家が焼失し、武は自殺した。

武の父親である藤作は、娘を売って手に入れた金で村の消防ポンプを買うことを決意するが、そのポンプがまた悲劇を引き起こす。藤作を演じる伊藤雄之助の存在感が圧倒的だ。祖母を演じる北林谷栄や、母を演じる長山藍子も素晴らしい。

クラスメイトの女の子に手を握られた孝二は好かれていると勘違いするが、部落民は夜に蛇のように体温が下がると聞いたのでそれを確かめたのだと打ち明けられる。修学旅行に行けば、旅館で孝二と同じ部屋で眠る級友は誰もいない。

観ながらつらい。でも現実だ。差別の理由は生まれた区域が違うから。苦し紛れにそう答えた僕に、海外の学者やジャーナリストたちはバカじゃないかとあきれていた。僕もそう思う。水平社宣言から今年で一〇〇年だが、この国では今もこの差別を過去形にできていない。

『橋のない川』（一九六九年）
監督／今井正
出演／北林谷栄、長山藍子、高宮克弥、大川淳
〈二〇二二年六月一四日号〉

54 年老いた母を撮って内省、『スープとイデオロギー』で監督ヤン・ヨンヒが願うのは

二〇一四年、平壌に滞在して三日ほど過ぎた頃、よど号メンバーたちとカラオケに行った。よど号メンバーとは、一九七〇年三月に日本航空三五一便(よど号)をハイジャックして北朝鮮に渡った赤軍派を示す。当時は九人だったが、この半世紀の間にリーダーの田宮高麿を含めて五人が他界している。

彼らが居住する平壌郊外の「日本人村」(通称)に僕は宿泊し、およそ一週間、寝食を共にした。ハイジャックの総括、北朝鮮の現状、今の日本をどのように捉えているのか、国際手配されている拉致問題への加担は事実なのか。いろいろ質問した。議論した。

彼らは今、自分たちの過ちに気付き、日本に戻って罪を償いながら残りの人生を過ごしたいと願っている。でも日本と北朝鮮の現在のねじれた関係が、それを不可能にしている。

カラオケの各部屋には、担当の若い女性がアテンドとして待機していた。デュエットも可能だが、僕はカラオケが苦手だし、よど号メンバーも女性の誘いになかなか応じない。誰かが女性に言った。あなたが歌ってください。女性は歌った。金正恩《キムジョンウン》をたたえる歌。みんなは沈黙した。歌いながら彼女は、感極まったように涙ぐんでいる。歌い終わった彼女に僕は聞いた。金正恩は好きですか。バカな質問だ。嫌いですと答えるはずがない。でも涙ぐんで

いた彼女は、にっこりと笑いながら、こころもち首を傾げた。ノーなのか、イエスなのか分からない。

今は思う。人の内面は複雑だ。民族や言語や信仰が違っても、人の内面は変わらない。でも国家は国民に単純さを要求する。まるで国境線が引かれているかのように、忠誠や愛国などのラインを国民に強要する。

こうして国家の争いが起きるとき、人は他者の集団を自分たちとは違う存在なのだと思い込む。だからこそあり得ないほどに残虐になり、取り返しのつかない事態が起きる。

映画監督ヤン・ヨンヒの両親は、在日本朝鮮人総連合会（朝鮮総連）の熱心な活動家だった。「帰国事業」で三人の息子を北朝鮮へ送り、父が他界した後も「地上の楽園」にいるはずの息子たちに、母は借金をしてまで仕送りを続けていた。

最新作のドキュメンタリー『スープとイデオロギー』で、ヨンヒは年老いた母をいたわりながら、父と母の半生に対して批判的になる自分を隠せない。なぜ戦後に韓国ではなく北朝鮮を選択したのか。なぜこれほどに「北」を信じられるのか。

その母がアルツハイマー病になった。記憶が急激に薄れてゆく。ヨンヒは母を、日本に来てからは一度も帰っていない生まれ故郷の韓国・済州島に連れて行くことを決意する。

本作も含めて、朝鮮半島と日本の相克を在日コリアンの視点で描き続けてきたヨンヒは、決して日本を声高には責めない。極めて内省的なのだ。だから僕が代わりに書く。朝鮮半島が分断したそもそもの理由は何か。その帰結として日本に暮らすことを余儀なくされた在日コリアンにヘイトの視線を向けるのは誰か。パンフにあるヨンヒの言葉を最後に記す。

「一本の映画が語れる話なんて高が知れている。それでも、一本の映画が、世界に対する理解や人同士の和解につながると信じたい。私の作品が多くの人々にとってポジティブな触媒になることを願っている」

『スープとイデオロギー』（二〇二一年）
監督／ヤン・ヨンヒ

〈二〇二二年六月二八日号〉

55 狂気を描く映画『清作の妻』は日本版『タクシードライバー』

『清作の妻』の劇場公開は一九六五年。吉田絃二郎の同名小説を新藤兼人が脚色して、『兵隊やくざ』や『陸軍中野学校』などで知られる巨匠、増村保造が監督した。

舞台は日露戦争時代の広島の貧しい農村。病気の父を抱える一家の生計を支えるため、お兼（若尾文子）は大富豪の隠居老人（殿山泰司）の妾《めかけ》となる。しかし老人は入浴中に急死し、病気の父も亡くなる。莫大な遺産を相続して家に戻ってきたお兼に対して、村人たちの好奇と嫌悪の視線が容赦なく突き刺さる。

閉鎖された集団は同質性を強要する。艶やかな美貌を誇り大富豪の妾となり大金を手にして帰ってきたお兼は、村の日常（ルーティン）からはみ出した存在だ。村八分という言葉が示すように、日本の村落共同体的メンタリティは異質な存在に対して徹底して不寛容だ。思い込みの激しいお兼の性格も孤立する大きな要因になった。

そんなとき、除隊した清作（田村高廣）が村に帰ってくる。子どもの頃から真面目で優秀。勇敢な模範兵として表彰までされた清作を、村長や在郷軍人会、そして村人たちは、おらが村の英雄として熱狂的に歓迎する。

やがてお兼の母も死ぬ。知的障害を持つ従兄（千葉信男）と二人で暮らしながら、お兼は孤独な生活に耐え続けていた。

　そのお兼が清作と恋に落ちる。やはり思い込みの激しい清作は、家族や村人たちの反対の声も気にならない。家を出た清作はお兼と暮らし始める。しばらく続く甘い蜜月の日々。しかし日露戦争の勃発で清作に召集令状が届く。負傷して一旦は村に帰るが、再び戦地に向かう清作。いま別れたらもう二度と会えなくなるかもしれない。清作が負傷したことで、お兼のその危惧はより強くなる。思い悩んだお兼は、たまたま拾った太い釘《くぎ》を着物の懐に忍ばせる。

　映画のテーマを一言にすれば狂気だ。誰にも予想できない行為に及んだお兼だけではなく、逃げる彼女を捕らえて集団でリンチする村人たちも、目を覆いたくなるほどに狂乱する暴徒だ。さらに、取りつかれたように鐘を鳴らし続ける清作も狂気だ。
　そして何よりも、戦地で負傷し治療のために戻ってきた清作に、「恥を知れ！」「次は戦死してこい！」などと罵声を浴びせる村人たちが象徴する銃後の戦争、つまり国家も狂気だ。
　アメリカン・ニューシネマの代表作の一つである『タクシードライバー』のトラビスは、街で見掛けた売春婦の少女アイリスへの思慕を契機に、複数の人を射殺する。犯行直前にモヒカンに頭を剃るトラビスは、まさしく狂気を体現している。

でもその狂気の源泉は何か。彼をベトナムの戦場に送った国家だ。そもそもトラビスの最初のターゲットは、次期アメリカ大統領候補だった。国（全体）の狂気は個へと感染する。こうして戦争や虐殺が起きる。

つまり『清作の妻』は日本版『タクシードライバー』だ。決して声高ではないが、反戦へのメッセージも充填されている。

そして最後に用意されていた狂気は、清作とお兼との至高の愛でもある。恋とは狂うこと。増村のそんな囁《ささや》きが聞こえてくる。

『清作の妻』（一九六五年）
監督／増村保造
出演／若尾文子、田村高廣、成田三樹夫、紺野ユカ
〈二〇二二年七月一二日号〉

56 映画『憂鬱之島』に込められた香港の怒りと悲しみ

かつて香港情勢はニュースのトップだった。その後に新型コロナウイルスの蔓延やミャンマーのクーデター、ロシアによるウクライナ侵攻などが起きて、いつの間にか香港情勢は日々の報道の前面から消えた。

ただしこれは香港だけではない。何も解決していないのにミャンマー報道はほぼ途絶え、新型コロナのニュースも最近は前面から姿を消し、五カ月近く続くウクライナ報道も、気が付けばずいぶん後退している。

ある意味で仕方がない。人の興味や関心は移り気だ。そしてテレビや新聞などマスメディアは市場原理で動く。つまり社会の多数派の興味や関心が反映される。こうして情報は淘汰される。市場原理のフィルターだ。

ある意味で仕方がないとは書いたけれど、それが良いとは決して思わない。香港もミャンマーも、あるいはシリアやアフガニスタンも、最初の衝撃が過ぎた今こそ大切な時期のはずなのに、ほぼ世界の関心から取り残されている。四〇万人近い命が犠牲になっているイエメン内戦は進行形だけど（現在は停戦中）、これを知る日本人はとても少ない。ほぼ報道されないからだ。

市場原理は映画も同様だ。ただし、そのマーケットが必ずしも多数派の興味や関心を反映しない場合もあるドキュメンタリー映画は、狭くてニッチなテーマに特化することが可能だ。これを言い換えれば、丁寧さや完成度よりも、強いテーマ性や迅速性を求められる傾向が強いということになる。その帰結として多くのドキュメンタリーの手触りは、現実を過剰に加工すべきではないとの抑制も働くゆえか、（自戒を込めて書くが）かなり粗い。

日本と香港の合作で、多くの映画祭で話題となり、七月に日本で世界初公開された『Blue Island 憂鬱之島』は、実に緻密でウエルメイドなドキュメンタリーだ。圧倒的な撮影と練りに練った編集が、中国の近代化のきしみと矛盾、香港と中国の歴史の相克、そしてドキュメンタリーにおける実とドラマにおける虚の融合を提示する。

　文化大革命から逃れるために恋人と共に海を泳いで香港島に渡ってきた老人、天安門事件で権力と闘いながら香港へ逃げてきた男、そして没入していた政治運動から経済にシフトを移して権力への抵抗を諦めた男。この三人をメインの被写体にしているが、ラストのサイレント・レジスタンスが示すように（このシーンは本当にすごい)、被写体は香港に生きる全ての人たちだ。

激動の状況を最前線で記録するからこそ、撮影は何度も延期され、製作費は際限なく膨らみ、スタッフは国家権力の脅威にさらされながら、クラウドファンディングの支援によって本作はようやく完成した。

『乱世備忘 僕らの雨傘運動』(二〇一六年)のチャン・ジーウンが監督、『十年』(一五年)のアンドリュー・チョイと『僕は屈しない』(一七年)のピーター・ヤムが香港側の製作を務めた。映画配給会社・太秦の小林三四郎と弁護士の馬奈木厳太郎がプロデューサーとして参加している。

ブルーアイランドを訳せば憂鬱の島。観ればその意味は分かる。国家の暴力に脅かされながら国家を捨てられない悲しみ。そして怒り。希望はその後だ。

『Blue Island 憂鬱之島』(二〇二二年)
監督/チャン・ジーウン
出演/チャン・ハックジー、ケネス・ラム、セッ・チョンイェン

〈二〇二二年七月二六日号〉

57

あきれるほど殴る蹴る　ちぐはぐで奇天烈、でも刺激的な映画『けんかえれじい』

大学の映研で8ミリ映画を撮っていた頃、観ておいたほうがいい映画の筆頭として、『けんかえれじい』はよく耳にした。

ただしこの時期、僕にはこの映画の面白さは分からなかった。荒唐無稽すぎると思ったような気がする。

主人公の南部麒六《きろく》は、クリスチャンの道子に恋い焦がれる岡山の旧制中学の生徒。一本気な性格でけんかに巻き込まれることが多く、やがて学校を制圧する。つまり番長だ。軍事教練の時間に教官と衝突したことで転校を余儀なくされ、麒六は親戚が暮らす会津若松の家に転がり込む。

しかし転校初日から柔道部の猛者やクラスのワルたちとのけんかが始まり、ここでも番長格となった麒六は、地元のバンカラ集団である昭和白虎隊と死闘を繰り広げる。

……取りあえずストーリーの中盤までを書いたが、ここに意味はほとんどない。そもそも鈴木清順監督は、ストーリーに興味を示さない。

改めて観たが、けんかシーンの荒唐無稽さについては衝撃を通り越してあきれる。中学生たちは手に竹やりや鍬《くわ》や鋤《すき》を持ち、秘密兵器のメリケンたわし（大きな釘を仕込んだたわし）にひもを付けて振り回す。顔や頭に当たったら死ぬ。けんかのレベルじゃない。

　さらに、けんかの理由もよく分からない。殴り合う学生たちにも分からないはずだ。とにかく殴る。蹴る。井戸や肥だめに落とす。落とされる。容赦ない。

　公開は一九六六年。つまり世界的にスチューデントパワー（学生運動）が激化し、アメリカン・ニューシネマの時代が始まり、ブラック・パンサーやウーマンリブ運動が産声を上げ、

中国では若い紅衛兵たちが造反有理を叫ぶ文革の時代が始まり、日本では安保闘争が激化した時代だ。
　つまり世界的に、反体制・反権力を達成するための暴力（文革が反権力かどうかは措《お》く）を肯定する空気が広がり始めた時代ともいえる。ならば脚本を書いた新藤兼人の狙いは明らかだ。ただし新藤は公開後、「あれは僕の本じゃない」と怒ったという。理由は清順が脚本には書かれていないエピソードを映画に盛り込んだから。
　一九三六年二月二六日、陸軍皇道派の青年将校たちが首相官邸や警視庁、内務大臣官邸などを襲撃して政府要人四人と警官五人を殺害し、

陸軍省や東京朝日新聞社などを占拠した。二・二六事件だ。青年将校たちの理論的支柱として処刑された社会主義者北一輝と麒六との（脚本には書かれていない）出会いを、清順は映画に盛り込んだ。やがて二・二六事件が起きたことを知った麒六は、まなじりを決して東京に向かう。

ならばけんかに明け暮れた麒六は、その後に本格的な暴力に自らを埋没させるのだろうか。しかし映画は、このラストに至る過程に奇妙なシーンを入れる。福島まで麒六を訪ねてきた道子が、その帰りに狭い道で出会った兵士たちの行軍に、暴力的に突かれ倒されるのだ。

ここで示されるのは軍事力への痛烈な批判。アイロニーが二転三転している。おそらくは新藤の脚本と鈴木の美学の衝突なのだろう。清順の実験映画的な編集も含めて、とにかくちぐはぐで奇《き》天《て》烈《れつ》で、でも刺激的な映画であることは確かだ。

『けんかえれじい』（一九六六年）
監督／鈴木清順
出演／高橋英樹、浅野順子、川津祐介、片岡光雄

〈二〇二二年八月九日／一六日合併号〉

58 絶対的な悪人も差別者もいない　二一年経っても色あせない映画『GO』の若々しさとメッセージ

コリアン・ジャパニーズを主人公とした映画として『GO』は、既に古典的な位置にあると言えるかもしれない。公開から二一年が過ぎている。でも作品はずっと若々しい。

東京の普通高校に在籍している杉原は在日コリアン二世だ。恋人になったばかりの桜井に自分の国籍を告白しなくてはならないと思いながらも、なかなかそのタイミングをつかめない。でも朝鮮学校時代からの親友だった正一《ジョンイル》が日本人学生に刺殺されたことをきっかけにして、桜井に自分の国籍は日本ではないと告げる。

このストーリーラインで着目すべきは、正一が刺された理由だ。チマチョゴリを着た女子生徒が日本人学生に絡まれていると思い込んだ正一は、二人の間に割って入ろうとした。しかし日本人学生は女子生徒に因縁をつけようとしていたわけではなく、恋心を打ち明けようとしていたのだ。

杉原の父親やヤクザの親分、朝鮮学校の教師や先輩たちも含めて、この映画の登場人物たちは漫画チックなほどに暴力的だ。ところが正一が刺されるエピソードが示すように、絶対的な悪人や差別者は一人もいない。国籍が日本ではないことを告げられて動揺しながら「中国人と朝鮮人の血は汚い」とまで言う桜井も、ラストには別の顔を見せる（ここの展開はちょっと安易とは思うが)。

終盤で杉原に声を掛ける警察官や杉原の父親に息子への暴力をけしかけるタクシー運転手も、とても善良で優しい人たちだ。これを映画的メルヘンと解釈する人もいるだろう。でも僕はむしろ、この現実認識はとてもリアルだと思う。

ユダヤ人大量移送の責任者としてナチス最後の戦犯などと呼ばれたアドルフ・アイヒマンは、戦後に潜伏していたアルゼンチンで、イスラエルの諜報機関であるモサドに捕獲された。長くアイヒマンを監視しながら決定的な証拠をつかめなかったモサドの工作員は、尾行中のアイヒマンが仕事帰りに花屋で花を買ったことで、本人だと確信したという。なぜならその日はアイヒマン夫妻の結婚記念日で、家で夫の帰りを待つ妻のために、アイヒマンは毎年花を買っていたからだ。

その後にエルサレムの法廷で被告席のアイヒマンを傍聴席から見つめながら、ハンナ・アーレントは「凡庸な悪」というフレーズを想起する。邪悪で冷血だから悪事をなすのではない。気弱で誠実で組織に忠実だからこそ、人はあり得ないほどに残虐な振る舞いをしてしまうとき

がある。

もちろん今も、北朝鮮や韓国、中国を悪しざまに罵る人はネットに数多くいる。朝鮮学校の前で子どもたちを「スパイの子ども」と大声で罵倒する人たちもいた。女子高生のチマチョゴリを後ろから切り裂く事件が続いた時期もある。肥大した正義や暴走した善意。悪意とは距離があるはずのこれらの要素が、人をあり得ないほどに凶暴にしてしまう。

差別される側の杉原やかつてのクラスメイトたちも、過剰に深刻にはならない。名前とは何か。記号だ。中身とは違う。うわべで判断するな。監督の行定勲、脚本の宮藤官九郎、原作の金城一紀、そして主演の窪塚洋介、彼らが訴えるメッセージはリアルで、そして何よりかっこいい。

『GO』（二〇〇一年）
監督／行定勲
出演／窪塚洋介、柴咲コウ、大竹しのぶ、山崎努
〈二〇二二年八月三〇日号〉

59 人間の内なる闇と光をホラー映画『来る』に見る

子どもの頃、夏の夜のテレビは心霊や超常現象を扱う特番をよく放送していた。でも最近はほとんど見ない。そもそも放送されていない。

もちろんデジタル技術などの発展で、かつてのように牧歌的な心霊写真などが意味を持ちづらくなったという事情はあるだろう。でもそれだけだろうか。メディアは社会の合わせ鏡。ならば超常的な現象に対する社会の関心が減少したのだろうか。

でも（後述するが）心霊への恐怖は本能的な領域でもあるはずだ。時代の影響はあまり受けないと思うのだけど。

いずれにせよ、子どもの頃に心霊やＵＦＯなど超常現象の番組を見続けた僕は、テレビの仕事を始めてから、三人の超能力者を被写体にしたドキュメンタリーをディレクションし、その後もこのジャンルへの取材を重ね、関連の本も何冊か刊行した。

その上での結論としては、心霊や超能力やＵＦＯなど超常的な現象の九八％は（九九％かもしれない）、プラシーボ（偽薬）効果か錯誤かトリックだ。でも残り二％か一％、プラシーボや錯誤やトリックでは、どうしても説明できない現象が確かにある。それは何度も体験した。

心霊への恐れは、死への恐怖の反転でもあり、切ない願望でもある。その意味では宗教と重なる。

生きものの中で唯一自らが死ぬことを知ってしまった人類は、死後の世界を願い、魂は続くと思いたいのだ。だからこそ、この世界とは異質な存在への恐れと憧れは、全ての民族や文化や宗教を超えて、とても普遍的でもある。

ＣＭ出身の中島哲也が監督した『嫌われ松子の一生』は衝撃だった。スローモーションやＣＧなどを一切の抑制なくドラマに挿入し、ＭＶのように音楽に合わせながら短くショットを重ねてゆく編集は、邦画においては画期的だったと思う。

そのタッチが、『来る』ではホラーと融合する。原作は澤村伊智の小説『ぼぎわんが、来る』。水と油のような分離が、やがて攪拌されながら溶け合う。その融合は作品の随所にある。主人公の一人で、物語の端緒である田原秀樹（妻夫木聡）が夢と現実のはざまにいながら、子ども時代の恐怖体験に回帰する瞬間の編集は見事だ。
「あれ」本体は最後まで正体を現さないが、平凡な幸せに浸っているはずの田原夫妻が内面では異界へとつながっていたとの経過と描写は、

スタンリー・キューブリック監督の『シャイニング』でジャックがずっとタイプライターで書いていた原稿の「All work and no play makes Jack a dull boy（仕事ばかりで遊ばないとジャックはばかになる）」がスクリーンいっぱいに拡大された瞬間に匹敵する知的な怖さだ。

田原夫妻だけではなく、登場人物のほとんどが内面に抱える闇と光が、物語の重要なモチーフとなる。

つまり対位。それは闇と光だけではない。現在と過去、子どもと大人。出産と死。穢《けが》れと浄《きよ》め。そしてギャグとホラー。あらゆる対位が弁証法的に物語を紡ぐ。神官と巫女《みこ》、僧侶と霊媒、科学者とユタ（沖縄の霊媒師）までが集結して「あれ」と対峙するラストは、まさにカオスだ。

オムライスは何の暗喩なのか。ここにアニメを導入する演出も秀逸だ。続編を望む。

『来る』（二〇一八年）
監督／中島哲也
出演／岡田准一、妻夫木聡、黒木華、小松菜奈

〈二〇二二年九月一三日号〉

60 失踪した夫を待つ二人の女
映画『千夜、一夜』に見る理不尽と不条理

人生には多くの別離がある。失踪はその一つ。死別との違いは、いつか戻るかもしれないと思いながら、残された側が日々を送ること。

『千夜、一夜』の舞台は佐渡島。そしてメインの登場人物は、失踪して帰ってこない夫を待ち続ける二人の女。この設定なら誰もが、北朝鮮による拉致問題がテーマなのかと思うはずだ。実際に、漂流して救出された北朝鮮の漁民も、中盤にエピソードとして登場する。しかしこの問題に対して、映画はこれ以上の興味を示さない。思わせぶりな設定にしながらも、極めて抑制的だ。

日本全国では一年間に八万人の行方不明者届が警察に出されているという。これだけの数の（理不尽な）別離があり、これだけの数の事情がある。

二人の女は夫の帰りを待ち続ける。待ち続けながら齢《よわい》を重ねる。でも二人は前に進めない。進む方向が分からない。

田中裕子演じる若松登美子は、もう三〇年も水産加工場の仕事をしながら、夫である諭《さとし》の帰りを待ち続けている。この間に漁師の藤倉春男（ダンカン）は、ずっと登美子への想いを寄せ続けるが、登美子はかたくななまでに春男を拒絶し続ける。尾野真千子演じる田村奈美

は、ふと散歩のように家を出てから帰ってこない夫の洋司を、待ち続けて二年が過ぎた。同じ島に暮らす二人は出会い、いくつかの接点を重ねるが、やがて違いが浮き彫りになる。病院に勤める奈美は新しい男性との暮らしを決意する。でも登美子は、待ち続ける自分の人生にピリオドを打とうとはせず、春男の一途《いちず》な思いに応えない。

終盤、物語は大きく動く。しかし登美子は待ち続ける日常を変えようとはしない。「(私は)若松さんのように強くなれない」と言う奈美に、「強くないわよ」と登美子は答える。多くは語らない。というか、多くを語りたくても語れないのだと思う。

強さや弱さではない。信念や決意とも違う。人は、一つを選ぶと一つが落ちてくる自動販売機とは違う。スイッチ一つで電源のオンオフが操作できるスマホや扇風機とも違う。そのように分かりやすい原理では動かない。もっと理不尽で不条理だ。

なぜ違うレールに乗り換えることができないのか。もしもそう質問されたとしても、登美子は答えることができないはずだ。新しい男性との生活を決意した奈美だって、自分の心変わりを言葉で説明することはできない。失踪した二人の男も（ネタバレになるので詳細は書けないが）、家を出た理由について尋ねられたなら、無言でしばらく沈黙するはずだ。

登場人物の中で唯一、明確な言葉と心情を持つ春男は、その明確さ故に踏み越えたレールから再び元に戻る。ラストの登美子と春男の海のシーンはすごい。カメラは山崎裕。そして監督は久保田直。長くドキュメンタリーを本籍としてきた二人に、脚本の青木研次が接合する。

葬式の場でいきなり演奏される佐渡おけさ。今どき懐かしいカセットテープレコーダー。二人の女性を支援する元町長が介護する妻との日常。そうした小さな要素が効いている。映画は言葉ではない。言葉に頼らないから映画なのだ。

『千夜、一夜』（二〇二二年）
監督／久保田直
出演／田中裕子、尾野真千子、安藤政信、ダンカン

〈二〇二二年九月二七日号〉

VII

20221011-20230425

61 ホームレス女性殺害事件がモチーフの『夜明けまでバス停で』 直近の現実を映画で描く葛藤

時おり考える。映画は現実にどれほど拮抗できるのか。すべきなのか。「できるのか」と「すべきなのか」。二つの述語を記したけれど、どちらも微妙に違う。適格な述語をどうしても思い付けない。でもとにかく、映画を撮る上で現実をモチーフにすることについて、改めて考えてみたいのだ。

これは映画だけではなく、表現領域全般におけるテーマと捉えるべきだろう。現実に起きた事件や事象を客観的に取材して問題提起するならば、それはジャーナリズムの領域になる。テレビ時代に僕は、ドキュメンタリーと報道系の番組を主なフィールドにしていた。当時はほとんど意識していなかったが、この二つは似て非なるものだ。一〇〇%の客観性や中立性を実現することなどそもそも不可能だが、ジャーナリズムならば可能な限り客観や中立を目指さなくてはならないし、ドキュメンタリーは主観（作家性）をしっかりと示さねばならない。

……この論考を始めると一冊の本になる。今は映画に絞ろう。現実に起きた事件や事故をモチーフにする映画は多い。いやそもそも、現実とまったく切り離された作品を制作することなど不可能だ。時代劇だろうがホラーやファンタジーだろうが、脚本家や監督の日常や現実の影響から一〇〇%切り離された映画などあり得ない。

それを前提で書くが、欧米や韓国などに比べれば、この国では直近の事件をテーマにする映画は決して多くない。その理由の一つは、加害者を描くことに抑制が働くからだろう。

ただし例外はある。安倍晋三元首相銃撃事件をモチーフにした『REVOLUTION+1』だ。国葬の日に特別上映されたこの映画については、いつか書くつもりだ。

連合赤軍事件をモチーフにした映画『光の雨』を二〇〇一年に発表した高橋伴明が今月公開する新作は『夜明けまでバス停で』。二〇年一一月に東京のバス停でホームレス女性が殺害された事件にインスパイアされた映画であることは明らかだ。

事件から二年しか過ぎていない。この迅速さは評価されるべきだ。だが、映画は設定を大きく変えている。

コロナ禍で住まいと職を失いホームレスになった三知子は、バス停の小さなベンチで夜を明かす日々を送っている。かつて働いていた焼き鳥屋の同僚や女性店長、新たに知り合ったホームレスの男や女たちなどと接点を保ちながら、バス停近くに暮らす中年男の殺意に三知子はまったく気付かない。

現実について書けば、六四歳の女性は深夜のバス停で、石を詰めたペットボトルで殴り殺された。殺害した四六歳の男性は母親と二人暮らしで、起訴されて初公判を迎える前に自殺した。

このあまりに凄惨な現実を、高橋伴明はどのように描くのか。最後の場面について、評価は分かれると思う。僕は手放しで称賛できない。ただしここに、映画を撮る側の格闘の痕跡がくっきりと残されていることは確かだ。公開前にインタビューされた高橋の言葉を最後に引用する。

「『光の雨』から二〇年、監督デビューから五〇年、何のヒネリもなく、そのままに『怒り』を吐露しても、もういいのではないだろうか」

『夜明けまでバス停で』（二〇二二年）
監督／高橋伴明
出演／板谷由夏、大西礼芳、三浦貴大、松浦祐也
〈二〇二二年一〇月一一日号〉

62 「圧倒的なリアルはびくともしない」ご都合主義も吹き飛ばす骨太な映画『やまぶき』

公開前の作品について書くことは難しい。どうしても寸止めになってしまう。だから以下は、『やまぶき』の公式サイトに書かれたストーリーに、僕が多少の手を加えた要約だ。

かつて韓国の乗馬競技のホープだったユン・チャンス（カン・ユンス）は、父親の会社の倒産で多額の負債を背負い、今は岡山県真庭市で暮らしている。非正規雇用の他の外国人労働者たちと共に採石場で働くチャンスは、日本人女性である美南（和田光沙）とその幼い娘と三人で暮らしている。

生活は決して楽ではない。肩代わりした借金の返済も大変だ。でも誠実な勤務態度を社長や他の社員たちに認められたチャンスは、正社員への登用を伝えられる。喜ぶ三人。しかしその直後、あり得ないほど不運な事故がチャンスを襲う。

同じ市内で刑事の父と二人暮らしの山吹（祷キララ）は高校生。ジャーナリストだった母親は、内戦中のシリアで取材中に亡くなったらしい。現政権に批判的な市民たちの無言の抗議行動「サイレントスタンディング」に参加していた山吹は、やがて独りでプラカードを手に交差点に立ち始める。

同じ街に住みながら、この二人に接点はない。しかしあり得ない偶然が起きる。その展開について、「ご都合主義」や「荒唐無稽」というフレーズをはめることは可能だ。いわばストーリーが展開に従属している。チャンスが岡山県に居住している理由についても映画は語らない。山吹がサイレントスタンディングに参加していた理由もよく分からない。

でもこの映画については、その「ご都合主義」や「荒唐無稽」が気にならない。なぜなら映画を構成する多くのディテールが、圧倒的なほどにリアルなのだ。

だから思う。映画的ファンタジーとは、そもそもがご都合主義であり荒唐無稽なのだと。誰かの日常をそのまま素描しても映画にはならない。ドラマとは嘘をつくこと。あり得ないことをリアルに感じさせること。

本作はまさしくその典型だ。ご都合主義的で、B級映画のように造形されたヤクザたちの存在も気にならない。言葉にすればなんだろう。骨格が太くて強いのだ。俳優たちもみな素晴らしい。

本作についてはもう一つ、16ミリフィルムで撮られた作品であることも付記しなくてはならない。ほぼ際限なく撮ることができるビデオではなく、フィルムはとてもお金がかかる。35ミリならばともかく、16ミリでは画質も決して良くない。ビデオのようには長回しできないから、カメラワークも制限される。現場における俳優たちの緊張感も別格のはずだ。

それなのになぜ山﨑樹一郎監督は、今どきほぼあり得ないフィルムにこだわったのか。おそらくだが、理由は一つではない。画質はクリアではないが、より映画的な明滅を想起させる。現場の緊張を良い方向に向けることも可能だろう。

ラスト近くの山吹の母親のエピソードは、正直に書けば微妙だ。サイレントスタンディングとの整合性を考えたのだろうか。

でももう一度書くが、圧倒的なリアルはびくともしない。強靭な作品だ。それがフィルムで撮ることへの決意とダブる。

『やまぶき』(二〇二二年)
監督/山﨑樹一郎
出演/カン・ユンス、祷キララ、川瀬陽太、和田光沙
〈二〇二二年一〇月二五日号〉

63 自閉症の妹を売って生きる……文句なしの問題作『岬の兄妹』が見せる今の邦画に足りないもの

コロナ禍が収まりかけて三年ぶりの海外渡航は、五年か六年ぶりの韓国だった。渡航の理由は釜山国際映画祭に参加するため。僕にとっては最初の作品『A』も含めて、これまで何度も招待されているなじみ深い映画祭だ。

ちなみに『A』が招待された一九九八年は、流入を抑制していた日本文化を韓国政府が正式に解禁した年でもあり、釜山国際映画祭でも多くの日本映画が上映された。ところが何度か行われた『A』の上映は、なぜか常に『Love Letter』（岩井俊二監督）、『落下する夕方』（合津直枝監督）と同じ時間帯だった。劇場はもちろん別。だから韓国の日本映画ファンは、皆『Love Letter』か『落下する夕方』に足を運ぶ。結果として『A』の上映は、とても寂しい入りだった。

夜に海鮮料理の屋台でマッコリを飲みながら、「なぜこんな編成にしたのか」と映画祭プログラムディレクターに文句を言ったら、「だって森さんなら、中山美穂さんと原田知世さんと麻原彰晃さんの映画のどれを見たいと思いますか」と言い返されて、確かにしょうがないかと納得してしまった記憶がある。何でこんな理屈で納得したのだろう。いい気になってマッコリ飲み過ぎていたとしか思えない。

今回映画祭に参加した目的は上映ではない。映画祭に併設の「アジアン・プロジェクト・マーケット」で、来年公開予定の『福田村事件（仮）』の企画を、世界から集結する映画祭関係者や配給会社の人たちに売り込むことだ。

同行したプロデューサーたちと設営されたブースで客を待つ。一応のスケジュールはあるけれど、予定が空いたときにふらりと大物エージェントが現れる可能性があるから、席をなかなか離れられない。せっかく映画祭に来ているのに、映画を観られない日々が最後まで続いた。

マーケットへの参加は初めてだ。そもそもドキュメンタリー映画にそれほどの需要はないし、これまではプロデューサーに任せていた。今回は初の劇映画ということで勝手も違い、いろいろ勉強になった。改めて思う。映画は撮って終わりではない。多くの人の努力が映画を完成させる。

疲れ切ってホテルに帰ったら、ロビーでひげ面の男に声をかけられた。松浦祐也だ。『福田村事件（仮）』でも重要な役で出演してもらっている。彼が主演した『岬の兄妹』が、この映画祭で上映されていると教えられた（どうせ観られないと思って上映作品のチェックをしていなかった)。片山慎三監督とも挨拶を交わす。

二〇一九年に公開されたこの映画については、「問題作」「衝撃作」などの修辞が常に付いて回る。ある意味で手あかの付いたフレーズだけど、この作品については全く違和感がない。確かに衝撃的な問題作だ。

兄と妹は底辺まで落ちる。何度も落ちる。極貧とか底辺とかのレベルではない。底が抜けて一線を越える。越えながら落ちる。落ちながらもがく。二人の俳優が素晴らしい。抑制した演出も見事だ。そして秀逸なラスト。振り返る妹の表情。貧しい港町。夕暮れの曇り空。

……今回は前置きが長すぎた。でもこの映画にはこれでいい。ぐだぐだ書く必要はない。観られることに特化した映画だ。今の邦画に足りないものを見せる。『福田村事件(仮)』はそれを目指しているが、違う角度からそれを見せつけられた。

『岬の兄妹』(二〇一八年)
監督/片山慎三
出演/松浦祐也、和田光沙、北山雅康、岩谷健司
〈二〇二二年一一月八日号〉

64 『砂の器』のラストで涙の堰が一気に切れ、映画にしかできないことを思い知る

今さらという言葉が気恥ずかしいくらいに今さらだけど、映画とは何かと考える。最も簡潔な定義は、スクリーンに投影される映像によって構成される作品、ということになるだろうか。

ただしもちろんこの定義は、サブスク配信が全盛期の現代には当てはまらない。あくまでも古き良き時代の映画だ。長さはおおむね二時間前後。ホラーやコメディー、サスペンスにバイオレンス、時代劇や社会派など、ジャンルは多岐にわたる。

最近は動画という言葉をよく耳にするが、映画もテレビドラマもYouTubeも、実は映像は全く動いていない。映画（フィルム）なら一秒二四コマで、テレビドラマ（ビデオ）ならば三〇フレームの静止画が高速で映し出されるので、目が錯覚を起こすのだ。要するに原理は、子どもの頃にノートの端に描いたパラパラ漫画。これは昔も今も変わらない。補足すればフィルムの時代は九〇年代まで。今では映画もほとんどがビデオ撮りだ。

初めて劇場で観た映画は何か。これが分からない。おそらくは東映アニメ祭りとか怪獣映画あたりだろうと思うのだが、小学校低学年で観たディズニーの動物ドキュメンタリー『砂漠は生きている』は強く印象に残っている。

この衝撃がその後にドキュメンタリーに傾倒した原点であるとかなんとか書きたくなるが、そもそもドラマではなくドキュメンタリーを選んだ理由は、大学を卒業してからドラマを作るつもりで入ったテレビ番組制作会社が、実はドキュメンタリーを専門にしている会社だと入社後に気付いたからだ。普通は入る前に調べないか、と入社後に同僚からあきれられた。僕も自分であきれた。でも結果として、ドキュメンタリーの面白さに気が付いた。

初めて劇場で観た映画についての記憶は曖昧だけど、観ながら初めて号泣した映画ならばよく覚えている。野村芳太郎が監督した『砂の器』だ。

それまでも『いちご白書』や『続・激突！カージャック』『ワイルドバンチ』などアメリカン・ニューシネマの作品を観ながら、鼻の奥がつんと甘酸っぱくなるような体験は何度かあったけれど、泣くことはなかった。だって暗闇とはいえ、映画館には知らない男女がたくさんいる。上映が終わって場内が明るくなってから、泣いていたのはこいつかなどと両隣から顔を見られたらたまらない。

でも『砂の器』のラスト、ハンセン病に罹患している本浦千代吉（加藤嘉）が幼い息子の手を引いて雪の中を歩く場面で、一気に涙の堰《せき》が切れた。こらえ切れずに嗚咽《おえつ》した。

ただしあの時代にハンセン病について、自分がどの程度を知っていたかはあやしい。映画を観た頃は、まだ過酷な強制隔離政策が行われていた。戦後すぐに特効薬が開発され、感染力も強くないと証明されて諸外国では廃止した隔離政策を、日本はつい最近まで続けていた。「らい予防法」が廃止されたのは一九九六年だ。

社会や政治の矛盾や不正の告発を、映画はとてもエモーショナルに表現することができる。問題提起とエンターテインメント性が共存できるのだ。そんな表現形態はなかなかほかにない。

上映が終わって慌てて席を立ちながら、そんなことを思ったような気がする。


〈二〇二二年一二月六日号〉

『砂の器』（一九七四年）
監督／野村芳太郎
出演／丹波哲郎、森田健作、加藤剛、加藤嘉

65 一八〇分あれば……ずっしりと重い映画『怒り』は心理描写が物足りない

サブスク全盛の今、あらためて映画の定義を考える。映画館の暗闇でスクリーンに投射された映像作品という定義は、既に失効しているのだろうか。

実際に僕も、東京近郊ではあるが交通が不便なエリアに暮らしていることもあって、試写案内をもらっても会場に足を運ばず、オンラインかDVDで視聴することが多くなった。

少しばかり後ろめたい。家で独りモニターを見つめながら、自分はいま映画を観ていると言えるのだろうかと考える。ただしモニターのサイズは一昔前に比べれば、さすがにスクリーンほどではないにせよ、ずいぶんワイドになっている。視聴するときに部屋を暗くすれば、疑似的な映画空間にはなるかもしれない。

ただしそこに他者はいない。誰かの吐息や含み笑い、そして嗚咽《おえつ》。そうした要素も含めての映画ならば、やはりこれは映画ではない。

でもやっぱり、その見方は偏狭すぎるだろう。全てのものは変化する。テレビやラジオも一昔前に比べれば、使い方や在り方が全く変わっている。映画も同じだ。

『A』を発表した一九九八年のキネマ旬報の星取り表で、「これは映画なのか」と疑問を提起する批評家が何人かいた。その理由はビデオ撮りだから。でもその後、ビデオ撮りはあっという間に主流となった。今ではよほどのこだわりがなければ、フィルムで撮る人はほぼいない。

定義は大きく変わりながら、一つだけ絶対に変わらないことがある。二時間前後（一部例外はあるけれど）の尺と、それに見合うだけの質量だ。一クール一〇回程度のテレビドラマと比べれば（良し悪しではなく）、映画は密度が圧倒的に濃い。素材をぎりぎりに削る。圧縮する。映画監督ならば誰だって、尺を詰めろとの指示に対して黒澤明が言った「切りたければフィルムを縦に切れ」に、強く共感するはずだ。

でも最近の邦画は質量が物足りない。要するに薄いのだ。だから楽に観られる。映画館ではなく自宅のソファで観ることが主流になりつつあることの弊害なのか。

映画館で観るにせよ、ソファに寝転がって観るにせよ、『怒り』の質量はずっしりと重い。メガトンクラスの重さだ。うかつに触れない。手の上にのせたら手のひらに穴が開く。

八王子で発生した夫婦殺人事件が導線だ。犯人は逃走して事件は未解決。それから一年後、東京と千葉と沖縄にそれぞれ若い男が現れる。

三人に共通していることは過去の素性がよく分からないこと。物語は三つの地域と捜査本部をカットバックしながら進行する。翻弄される周囲の人たち。疑いと怒り。

ネタバレになるから後半については書けないが、ずっしりと重い映画であることは大前提にしながらも、登場人物たちの心理描写について僕は不満だ。怒りや悲しみの源泉がよく分からない。吉田修一の原作は、もっと丁寧にディテールが描かれていたような気がする。尺は一四二分。たぶんこれでは足りないのだ。一八〇分は必要だ。

次回も吉田修一原作の映画『悪人』について書く。なぜ李相日監督作を続けて取り上げるのか。その理由も書くつもりだ。

『怒り』(二〇一六年)
監督/李相日
出演/渡辺謙、森山未來、松山ケンイチ、綾野剛

〈二〇二二年一二月二〇日号〉

66 殺人者の逃避行でも、映画『悪人』に本当の悪人は一人もいない

『怒り』について書いた前回の原稿の最後に、次回は『悪人』について書くと予告した。なぜならこの二つはペアだから。この二つを見れば、吉田修一と李相日監督が作品に込めた思いがよく分かるから。

解体業の仕事をしている祐一（妻夫木聡）は、出会い系サイトを通じて知り合った佳乃（満島ひかり）と逢瀬を重ねていた。しかし佳乃は寡黙な祐一をつまらない男と見下していて、金の関係と割り切っている。

その日も佳乃に呼び出された祐一は、唯一の趣味である愛車を駆って出向くが、待ち合わせ場所で佳乃は、本命として狙っていた増尾（岡田将生）を偶然見つける。祐一との約束を反故《ほご》にして増尾の車に乗り込む佳乃。祐一は増尾の車の後を追う。

ここまでが事件の発端。念を押しておくが、本作はサスペンスではない。だから犯人を隠す必要はない。やがて佳乃の遺体が見つかる。同じころ祐一は出会い系サイトで知り合ったばかりの光代（深津絵里）に接触する。

国道沿いにある大手紳士服店で働く光代は、国道沿いにある小中高に通ってきた。恋人はいない。毎日が同じ日常の繰り返し。

初めてのデートで、祐一は光代をホテルに誘う。戸惑うが応じる光代。しかし祐一は行為後に光代にお金を渡そうとする。ちょうどその頃、警察は祐一の存在に気付く。後半は、孤独で不器用な二人の逃避行だ。

ネットなどでこの映画について検索すると、「本当の悪人は誰か」などのフレーズを散見する。祐一が寡黙で不器用になってしまったことには理由がある。幼い頃に母に捨てられたのだ。ならば本当の悪人は誰か。祐一を捨てた母なのか。被害者ではあるけれど、祐一を見下しながら利用していた佳乃なのか。あるいは、その佳乃を見下しながら邪険に扱い、結果として事件のきっかけをつくった増尾なのか。

もしもそう主張する人がいるならば、吉田と李の代理として、それは違うと僕は言わねばならない。この作品のタイトルは『悪人』だけど、本当の悪人は一人もいない。

佳乃も増尾も、これまでの成育環境やいくつかの偶然が重なっていなければ、もっと善き人になっていたかもしれない。

「聖人の仰せならば、私はなんでもします」と胸を張る弟子の唯円に、親鸞は「では一〇〇〇人殺しなさい」と命じる。驚いた唯円が「私の器量ではできません」と答えると、「人を殺せないのはおまえが善人だからではない」と親鸞は答える。同時に、殺害はいけないと思っていても、もしもそのような縁がもよおすなら一〇〇人、一〇〇〇人と殺すのだ。

親鸞没後にその言動を唯円が書いた『歎異抄』において、このエピソードが描かれた一三章には以下の親鸞の言葉も記されている。「さるべき業縁《ごうえん》のもよおせば、いかなるふるまいもすべし」。

この業縁を、僕は環境設定と訳す。善なる存在として人は生まれるが、環境によっていかようにも変わる。まさしくこの映画のテーマだ。

それは増尾を殺そうとしても殺せない佳乃の父親（柄本明）、メディアに追いかけ回される祐一の祖母（樹木希林）、あるいは一瞬だけ登場するバス運転手（モロ師岡）や増尾の友人（永山絢斗）の描き方からも明らかだ。何といっても深津絵里が素晴らしすぎる。

『悪人』（二〇一〇年）
監督／李相日
出演／妻夫木聡、深津絵里、岡田将生、満島ひかり

〈二〇二三年一月一〇日号〉

67 選挙に新たな視点を与える映画『センキョナンデス』の二つの見どころ

大学で自主制作8ミリ映画を撮っていたころ、35ミリフィルムは憧れだった。16ミリという選択もあったが、ほとんどの映画館は16ミリ映写機を備えていないし、フィルム代や現像費は、35ミリほどではないが高価すぎる。やはり選択は35ミリ一択。

テレビも黎明期は映画と同じようにフィルムだった。でもフィルムは撮ってから現像という手間がある。さらに、一ロールで撮影できる時間は三分弱で、ロールチェンジの間は撮影を中断せざるを得ない。

世界初のVTRが開発された一九五六年以降、テレビはビデオ放送の時代になり、テレビの本質でもある機動性と駆動性を獲得する。

八二年には業務用VTR「ベータカム」が発表されカメラとレコーダーが一体化したことで、ロケの駆動性はさらに大きく向上した。僕のテレビ時代は、まさしくこのベータカムの全盛期だ。

やがて時代はアナログからデジタルへと変わり、地下鉄サリン事件があった九五年、ソニーがDV規格による世界初のデジタルビデオカメラレコーダーDCR-VX1000を発表し、僕は最初の映画『A』を撮ることができた。

ただし『A』を発表した九八年、映画はまだフィルムが前提だった。この年のキネマ旬報ベスト一〇ランキングで、数人の審査員がビデオで撮影した『A』に対して、そもそもこれは映画といえるのだろうか、と否定的にコメントしている。

今は、テレビも映画もビデオが前提だ。スマホで撮った映像を、パソコンに向かいながら一人で編集することも可能になった。しかもネットで公開できるのだ。

デジタル化の恩恵は、ドラマよりもドキュメンタリーに大きく働いたように思う。例えば近年の香港だけでも、『Blue Island 憂鬱の島』『少年たちの時代革命』『理大囲城』など、多くの市民や学生がスマホで撮った映像を使った作品が、いくつも制作されている。一昔前ならば考えられない。8ミリで映画を撮っていた時代の自分に言いたい。あっという間にとんでもない時代になるよと。

『劇場版 センキョナンデス』は、ラッパーのダースレイダーと時事芸人のプチ鹿島がYouTubeで配信していた番組のスピンオフとして、二〇二一年の衆院選と二二年の参院選候補者に突撃取材した素材を大島新がプロデュースして制作された。

見どころを二つ挙げる。プチ鹿島が香川県の四国新聞社に乗り込み、ジャーナリズムの在り方で論戦を挑むシーン。なぜ選挙取材なのにメディアを直撃するのか。見れば分かる。そしてもう一つが、大阪で取材中に起きた安倍晋三元首相銃撃事件。記録される現在進行形。衝撃を受ける二人。そしてメディアから囲み取材を受けていた候補者の慟哭《どうこく》。

これが優秀で良質なドキュメンタリーかと問われれば否定する。ドキュメンタリー業界ではいつのまにかアンシャン・レジームになりかけている僕は、(かつて自分がされたように)そもそもこれはドキュメンタリーなのだろうかと首をひねる。

でも面白いかとか観る価値はあるかと問われれば、ためらうことなく肯定する。選挙が民主主義の根幹ならば、その選挙に新たな視点を与える本作が、極めて重要な問題を提起していることは間違いない。

『劇場版 センキョナンデス』(二〇二三年)
監督・出演/ダースレイダー、プチ鹿島
〈二〇二三年二月七日号〉

68 黒澤明の傑作映画『生きる』のテーマは「生」でなく「組織と個」

昨年から今年にかけて、僕にとって大切な先輩たちの訃報が相次いだ。ほとんどは七〇代後半。なぜ皆、これほど寿命に律儀なのか。命とは何か。死ぬとはどういうことか。そんなことを思いながら、二〇代の時に観た『生きる』を再見した。

ただしこの映画は、死と生を正面から扱った作品ではない。ブランコに乗って「ゴンドラの唄」を口ずさむ渡辺課長（志村喬）のシーンがあまりに強烈なのでそう思われがちだが（僕も記憶を再編集していた）、メインのテーマは組織と個の相克だ。

ポーランドにあるアウシュビッツ・ビルケナウ強制収容所に行ったとき、所長だったルドルフ・ヘスが居住していた家に案内された。ドイツから妻と五人の子どもたちを呼び寄せたヘスは、鉄条網の外に小さな家を建てて家庭菜園も作り、一家仲良く暮らしていた。

ふと目を上げて僕は衝撃を受けた。ユダヤ人の遺体を焼いていた焼却所までは、歩いて数分の距離だ。仲むつまじく暮らす一家の目に、煙突から立ち上る黒い煙はどのように映ったのだろう。匂いだってしたはずだ。悲鳴や絶叫も聞こえたかもしれない。それほどに近いのだ。でも一家の生活は平穏だったのだろう。

処刑前に「私は巨大な虐殺機械の歯車にされてしまった」と述べたヘスと同じくナチス親

衛隊員で、ユダヤ人移送の最高責任者だったアドルフ・アイヒマンは、戦後に名前を変えて潜伏していたアルゼンチンでイスラエルの諜報機関モサドに拘束され、裁判にかけられた。モサドはアイヒマンを以前から監視していた。でもこの痩せた貧相な男が、残虐なホロコーストのキーパーソンだという確証がどうしてもつかめなかった。

ならばなぜ工作員たちは、彼がアイヒマンであるとの確証を持って拘束できたのか。その日はアイヒマン夫妻の結婚記念日で、仕事帰りにアイヒマンが花屋に寄ったことは、以前に

この連載でも書いた。妻に花をプレゼントするために。切ないほどに小市民だ。でも大量虐殺のキーパーソンでもある。

エルサレムの法廷に被告として現れたアイヒマンは、ホロコーストに加担した理由を何度聞かれても「命令されたから」としか答えることができず、外見も含めて役所の中間管理職のイメージそのままだった。

この法廷を傍聴したハンナ・アーレントは「凡庸な悪」という言葉を想起し、その著書『エルサレムのアイヒマン』において「アイヒマンの罪は多くの人を殺したことではなく、思考を停止してナチスという組織の歯車になった

ことだ」と書いた。

渡辺課長の通夜の席でかつての同僚が、「あの複雑な組織の中では何一つ考える暇すらないんだから」とぼやくシーンがある。役所勤めとは自発的に何もしないこと。命令や指示に従うこと。考えないこと。その帰結として、組織はとてつもない失敗を犯す。

自分の死期を知った渡辺課長は、誰も手を付けなかった公園建設計画に最後の執念を燃やす。ヘスもアイヒマンも、自分がやっている仕事についてふと立ち止まって考えることができたなら、ホロコーストは史実と違う展開を迎えていたかもしれない。つまりヘスもアイヒマンも渡辺課長も、僕でありあなたでもある。

終始目を見開き続ける志村の演技は圧巻。アップのカットでは絶対に瞬きしない。他の俳優たちの演技も素晴らしい。解釈できるテーマは以前とは微妙に変わったけれど、傑作はやはり傑作だ。

『生きる』（一九五二年）
監督／黒澤明
出演／志村喬、日守新一、田中春男、千秋実
〈二〇二三年二月二一日号〉

69 老人自ら死を選択する映画『PLAN 75』で考えたこと

小学生の頃は中学生が大人に見えていた。体も大きいし声も低い。きっと内面も違うはずだ。でも中学生になって、あまり成長していない自分に気付く。おかしいな。ならば高校生になれば成長できるのだろうか。

以降はその繰り返し。高校生になれば大学生が、大学生の頃は社会人が、社会人一年生の時代には三〇代が、成熟した大人に見えていた。

もうオチは明らかだけど、還暦を過ぎた今、いくら齢《よわい》を重ねても内面はほとんど変わらないことを知ってしまった。場数は踏んだから少しはずるくなったかもしれないけれど、逆に言えばそれだけだ。中身は子ども時代とほとんど変わっていない。

いやいや自分はしっかりと成熟していると思っている人には申し訳ないけれど、多くの人はそうなのだろう。三つ子の魂百まで。この慣用句を今だからこそ実感している。人は自分がいつかは成熟すると幻想しながら齢を重ねるけれど、それは文字どおり幻想なのだ。

ただし内面はともかく、年齢を重ねたことは事実だ。同窓会などに参加してかつてのクラスメイトたちを見ながら、あいつ老けたなあとか彼女も歳をとったなあなどと（言葉にはしないが）思う。ならば自分も歳をとったのだ。

『PLAN 75』の舞台は、七五歳以上で自ら死を選択できる制度「プラン75」が施行された近未来の日本。夫と死別して一人で暮らす七八歳の角谷ミチはホテルの客室清掃の仕事をしていたが、高齢を理由に解雇され、「プラン75」の申請を検討し始める。

「自ら死を選択できる」と書いたが、七〇歳を過ぎて一人で生きてゆくのは難しい。この国はずっと、社会保障や福祉について真剣に考えてこなかった。収入が乏しくて一緒に暮らす家族がいない老人は、多くの選択肢を持てない社会なのだ。

主軸となるミチの日常に、若い世代の二人の日常が交錯する。「プラン75」申請窓口で働くヒロムと、フィリピンから単身出稼ぎに来た介護職のマリアだ。

率直に書けば、三人の軸が効果的に機能しているとは言い難い。もしもアメリカン・ニューシネマならば、最後にミチは点滴チューブをむしり取ってヒロムやマリアの手を借りながら、他の老人たちと共に施設から脱走するはずだ(でも最後にミチは死ぬ)。

もちろんそんな映画をいま見せられたら、今どきアメリカン・ニューシネマかよと僕は言うだろう。これはないものねだり。でもねだりたい。だって足りないのだ。

ラストの長回しや仕切り入りのベンチのシーンなども含めて、プロットとは別の位相のディテールに早川千絵監督のこだわりは感じる。今さら書くまでもないけれど映画はディテールだ。ミチを演じる倍賞千恵子だけではなく高齢な俳優たちの自然な演技と相まって、そのディテールの積み重ねは成功している。

でもやっぱり足りない。全部寸止めなのだ。残念。

見ながら気付く。ヒロムの役回りは、アウシュビッツで同胞のユダヤ人虐殺に加担したゾンダーコマンドだ。明日は我が身。なぜなら歳をとらない人はいない。でも今は気づかない。誰もがたどる道なのに。

特に若い世代に言いたい。本当だよ。あっという間だからね。そして成熟はほとんどしない。

『PLAN 75』(二〇二二年)
監督/早川千絵
出演/倍賞千恵子、磯村勇斗、たかお鷹、河合優実
〈二〇二三年三月二一日/二八日合併号〉

70 社会批評も風刺もないけれど、映画『アフタースクール』を甘くみたらダマされる

ミステリーとサスペンス。この違いをあなたは知っているだろうか。僕はよく分かっていなかった。要約すれば、ミステリーは真犯人やトリックの謎解きをする作品を示し、サスペンスは謎解きよりも読者や観客に不安や緊張を与えることに主眼を置き、犯人やトリックの謎などを明かした上で解決に至る過程を楽しむ作品ということになるようだ（諸説あり）。

ミステリーの代表作は、コナン・ドイルのシャーロック・ホームズのシリーズ。つまり名探偵が登場する探偵小説。アガサ・クリスティーや横溝正史などの作品もこの系譜が多い。サスペンスならば刑事コロンボや古畑任三郎シリーズ、……ちょっと違うかな、ヒッチコックの『サイコ』や『鳥』、ジョナサン・デミの『羊たちの沈黙』などを並べられれば、なるほどとうなずける。ホラーとの境界は微妙だし、ミステリーとサスペンスの境界はもっと微妙だ。

どちらにせよ謎解きや伏線回収は重要な要素だ。最近の代表的なミステリー映画をネットで検索すれば、『セブン』『怒り』『ユージュアル・サスペクツ』『メメント』などが上位にランキングされているが、日本映画の場合はほとんどが、（例えば「ガリレオ」シリーズなど）ベストセラー小説の映画化であることに気付く。例外は堤幸彦が監督する「ＴＲＩＣＫ」シ

リーズ。ほかにもあるかな。あったら申し訳ないけれど、そもそも今の邦画は、小説やコミックなど他のジャンルで人気を博した作品の映画化が、欧米に比べれば圧倒的に多い。ミステリーやサスペンスに限らず、オリジナル脚本が少ないことは確かだろう。

公開時に『アフタースクール』を見逃していた理由は、軽い映画だと予測したからだ。家は都心からけっこう遠い。映画館に行くためにはかなりの時間と交通費もかかる。その価値があるとは思えなかった。

でも最近、友人から勧められて観て、自分の思い込みを強く反省した。めちゃくちゃ面白い。ただしやっぱり軽い。悪い意味ではなく、いい意味で。軽快なのだ。僕はどうしても軽い映画は作れないし、好みも重い映画ばかりだけど、でもこの軽さは嫌いじゃない。社会批評も風刺もメタファーもないけれど、観ながらかなり楽しんだ。

自身が卒業した中学校で教師として働いている神野（大泉洋）のもとに、かつての同級生を名乗る探偵（佐々木蔵之介）が訪ねてくる。探偵は、やはり二人の同級生で最近失踪した木村（堺雅人）の行方を追っているという。探偵に依頼されて木村の行方を捜す神野。やがて物語は予想もしない方向に展開する。

時おり強引さはあったけれど、伏線回収は見事だ。公開時のキャッチコピーは、「甘くみてるとダマされちゃいますよ」。うん。確かにこの映画を甘く見ていた僕もだまされた。

監督の内田けんじは、高校卒業後に渡米して映画を学んだ。『運命じゃない人』はカンヌ国際映画祭でいくつかの賞を獲得し、これまで本作を含めて四本の長編を発表しているが、その全てで脚本も書いている。分業はしない。その決意が見える。

書くことと撮ることは二つの才能なのか。いや違う。一つの才能だ。それを今、実感している。……これは僕自身の映画作りにおける伏線。回収できる日がくるかどうかわからない。

『アフタースクール』(二〇〇七年)
監督／内田けんじ
出演／大泉洋、佐々木蔵之介、堺雅人、田畑智子

〈二〇二三年四月二五日号〉

VIII

20230530-20231212

71
「保守王国」の権力腐敗を映し出す、映画『裸のムラ』と馳知事の場外乱闘

今年一月一日、就任一年目の馳浩・石川県知事は日本武道館で開催されたプロレスイベントに参加した。現職の知事がレスラーとしてリングに上がる。ニュースバリューは大きい。北陸放送や北陸朝日放送など地元の民放各局はこの映像をニュース枠で放送したが、石川テレビだけはこの映像を流していない。馳が映像提供を許可しなかったのだ。

なぜ馳は石川テレビだけを除外したのか。同社が二〇二二年に製作・公開したドキュメンタリー映画『裸のムラ』を問題視したからだ。

この映画の監督は、富山県のローカル局であるチューリップテレビ報道部に在籍し、富山市議会の腐敗を描いたドキュメンタリー映画『はりぼて』（二〇年）で注目された五百旗頭（いおきべ）幸男だ。その後に石川テレビに移った五百旗頭は、二二年三月の県知事選をメインの舞台にしながら、谷本正憲前知事や馳、県選出の衆院議員だった森喜朗元首相を取り巻く人々を描いた『裸のムラ』を監督した。前作と同様に、テレビドキュメンタリーからのスピンオフだ。

『裸のムラ』のテーマは保守王国・石川県の議会における同調圧力と権力への忖度、そして男尊女卑だ。テレビ版と同様に、県庁での記者会見や県議会の議場で撮影された映像も使

われている。

今年一月末の知事定例会見で馳は、この映画が自身や県職員の映像を無断で使用していることが肖像権の侵害に当たると主張し、石川テレビの社長が定例会見に出席して自身の質問に答えるように要求した。これに対して石川テレビは、「(映画は)報道の一環であって、公共性、公益性に鑑みて、特段の許諾は必要ない」とする見解を発表し、政治家が主催する記者会見の場に要請に応じて社長が出席することを拒否した。

この判断は正しい。メディア企業における社長は経営の代表であって、制作や報道と一線を引くことは当然だ。そもそもこうした要請そのものが政治的な圧力だ。土俵に乗るべきではない。しかし馳は納得しない。ついには公約だった毎月の定例会見を中止した。明らかに他局まで巻き込んだ嫌がらせだ。
公務中の公務員の肖像権は制限される。それは大前提。そのくらいは馳も分かっているはずだ。だからテレビで放送されたときには抗議などしていない。ならばなぜ今回は抗議したのか。その理由を馳は、商業映画に使うのなら許可を取るべきだと主張しているが、そもそもテレビ

各局は営利企業だ。報道番組にもスポンサーはついている。映画だけを商業的だと特別視する理由は全く理不尽だ。難癖の口実を探していたことは明らかだろう。

さらに馳は、『裸のムラ』の撮影や演出について具体的に検証して結果を報告しろと言い始めた。むき出しの政治権力の暴走だ。

本作に映し出される保守王国・石川県の県議会の姿は、自民党一強の時代が（二回だけ下野した時期はあったがすぐに復権した）半世紀以上も続く戦後日本の縮図だ。この国の戦後における政治地図はほぼ一党独裁なのだ。こんな民主国家は他にありえない。なぜジャーナリズムは権力監視を最大の使命とするのか。権力は必ず腐敗して暴走するからだ。ならば半世紀以上も一党独裁状態が長く続く理由は、この国のメディアとジャーナリズムが権力監視を十全に果たしていないからだとの見方もできる。

そう主張する映画に権力が圧力をかける。膝から力が抜けるほどに分かりやすい。でもこれはこの国の現状なのだ。

『裸のムラ』（二〇二二年）
監督／五百旗頭幸男

〈二〇二三年五月三〇日号〉

72 極北の映画『J005311』は絶対にスクリーンで見るべきだ

タル・ベーラ監督の『ニーチェの馬』を観たのは一一年前。劇場でスクリーンを見つめながら、自分は今すごいものを目撃している、と思ったことを覚えている。

すごい「映画」ではない。すごい「もの」だ。明らかに映画を逸脱している。

もちろんこれは、僕が「映画」を矮小にカテゴライズしすぎているとの見方もできる。その可能性は否定しない。でも映画というジャンルを面で考えたとき、『ニーチェの馬』がその境界ぎりぎりに位置していることは間違いない。言葉にすれば極北の映画だ。絶対にノートPCのディスプレイやテレビモニターのサイズで観るべき映画じゃない。だってサイズが変われば意味も変わる。

せりふはほとんどない。ストーリーを書けと言われたら困る。年老いた男と娘の日常がただ続くだけ。ここまでを読んで、新藤兼人の『裸の島』を想起する人がいるかもしれないけれど（これはこれで、いつかこの連載で書きたい映画だ）、たぶん方位が違うのだ。

河野宏紀の初めての長編劇映画『J005311』を観ながら、『ニーチェの馬』を思い出した。やはり極北の映画なのだ。

もちろん、全編モノクロームでストーリーを拒絶している（というか徹底して興味を示さない）『ニーチェの馬』と、プロットを三行で書ける『Ｊ００５３１１』は全く違う作品だ。でも（あくまでも僕が感じた）質感は近い。やはり方位という言葉を使いたくなるけれど、おそらくは映画そのものというよりも、映画に対する監督の姿勢なのだと思う。

『Ｊ００５３１１』に登場する俳優は二人だけ。ネットなどで調べれば、「第四四回ぴあフィルムフェスティバルで満場一致でグランプリを受賞した」とか「東京国際映画祭でも上映されて大きな話題を呼んだ」などの記述が見つかるが、それはどうでもよい。断言するが、万人受けする作品ではない。客を選ぶ。でも刺さる人には刺さる。僕には刺さった。かなり深々と。

二〇一九年にドイツのボン大学の研究チームが発見した「Ｊ００５３１１」は、二つの白色矮星が衝突することで誕生した星と考えられている。白色矮星とは恒星の残骸。つまり終わりかけた二つの星が融合することで、新たな星となった。

映画を観終えたあとなら、そういうことかと思うけれど、観る前にこのタイトルは何の意味もない。というか、もっと直截に書けば、内容をこんな言葉でまとめちゃダメだ。

あと二つだけ注文がある。車内で一人になった野村一瑛《かずあき》演じる神崎が、ベルトを外すシーンは要らない。

もう一つはカメラワーク。明らかに狙いだとは思うけれど、「寄り」が多すぎる。呼吸で言えば、吸うばかりで吐くがない。当然苦しくなるけれど、その不自由さが映画に貢献しているとは思えない。あくまでも僕の解釈だけど、この映画の質はもっと「引き」を効果的に使うべきと思うのだ。

と苦情を書いたけれど、(もう一回書くが)『J005311』は僕に刺さった。深々と。万人には薦めない。でも極北の映画を体験したいのなら、絶対にスクリーンで観るべき映画だ。

『J005311』(二〇二二年)
監督/河野宏紀
出演/野村一瑛、河野宏紀

〈二〇二三年六月一三日号〉

73 誰もが泣く……通好みでない映画『とんび』を瀬々敬久監督はあえて作った

時代は昭和三七年。三輪トラックを運転するヤス（阿部寛）は、けんかっ早くて酒とたばこが大好き。でも実は純情で一途。だからみんなから愛されている。そのヤスは美佐子（麻生久美子）と結婚して、もうすぐ一児の父となる。

これが映画『とんび』の冒頭。物語はこれ以降、ヤスが他界するまでの昭和の時系列を、時おり行きつ戻りつしながら進行する。

原作は重松清。かつてNHKとTBSがドラマ化している。つまり比較される。僕ならば手は出さない。しかし（経緯は知らないが）映画化された。監督は瀬々敬久。

登場人物はみな善人。つまり本作を一言にすればベタだ。展開もせりふも分かりやすい。定石を外さない。

瀬々についてはこの連載で、『菊とギロチン』（二〇一八年）を以前に取り上げた。その後の瀬々は作品を量産している。『楽園』（一九年）、『糸』（二〇年）、『明日の食卓』（二一年）、『護られなかった者たちへ』（二一年）と立て続けに発表し、『とんび』を経て『ラーゲリより愛を込めて』（二二年）を監督し、『春に散る』（二三年）を監督している。話題作は多い。特に『糸』や『護られなかった者たちへ』、『ラーゲリより愛を込めて』は、テレビCMを何度も見た記憶がある。

映画を分類する方法はいくらでもあるが、テレビでCMを打てる映画と打てない映画は明確に二分される。前者については製作側に資金力があることが前提で、主演俳優が客を呼べるスター（死語だ）であることも条件だ。

たった数年の間にテレビCMが放送される映画を何本も撮ることができる瀬々は、間違いなく日本映画界のヒットメーカーだ。でもそれだけではない。『菊とギロチン』の回の自分の文章を以下に引用する。

> 瀬々にはたくさんの顔がある。そもそもはピンク映画の巨匠だった。ドキュメンタリー作品も数多い。実際に起きた事件を題材にする社会派でもある。さらに大ヒットしたメジャー映画『感染列島』や『64―ロクヨン―前編／後編』なども監督している。
> 大資本を背景に話題作を発表し続ける瀬々は、数年に一回、明らかに方向が違う作品を発表する。前編と後編に分けた『64―ロクヨン―』はぎりぎりだとしても、『菊とギロチン』や四時

間三八分の『ヘヴンズ ストーリー』、『友罪』、五時間一四分の『ドキュメンタリー 頭脳警察』などは、明らかに商業映画としての方向から逸脱している。

共通することは（映画的に）アナーキーで分かりづらく、絶対に一般向けではないことだ。ノルマは果たしながら、貯金ができたら自分のテーマを追う。瀬々のこのスタイルは徹底している。

もちろん、この二つはくっきりと分けられるものではない。『護られなかった者たちへ』は話題作の系譜だが、弱者切り捨てを進める日本社会と政治に、強い怒りをぶつける問題作でもある。

もう一度書くが『とんび』は凡庸だ。でもというか、だからこそというか、僕は三回ほど嗚咽《おえつ》しそうになった。誰もが泣く。徹底してハートウオーミング。そういう映画にしようと瀬々と脚本の港岳彦は共犯した。

決して映画通に評価される作品ではない。そんなことは承知で作られた映画なのだ。

『とんび』（二〇二二年）
監督／瀬々敬久
出演／阿部寛、北村匠海、薬師丸ひろ子、杏

〈二〇二三年八月一日号〉

74 うまく社会復帰できない元受刑者……映画『過去負う者』は問う、なぜ社会は過ちに不寛容か

観始めてきっとあなたは戸惑う。これはドキュメンタリーなのか。劇映画ではないのか。今の言葉は脚本に書かれたせりふとは思えない。でもあの女性の顔は、以前に映画かテレビドラマで観たことがある。それとも他人の空似なのか。今の動きは何だ。周囲の人たちの表情も微妙だ。やはり台本があるとは思えない。ならばドキュメンタリーなのか。でもこのシーンでカメラは切り返している。テイクが二回以上はあるはずだ。ドキュメンタリーではあり得ない。

困惑するあなたを置き去りにしながら、映画はどんどん進行する。少年をひき逃げし殺人罪で一〇年服役した田中（辻井拓）は、元受刑者向けの就職情報誌「ＣＨＡＮＧＥ」の仲介で小さな町中華店で働き始めるが、短気で不器用な生来の性格のため、客とけんかするなどトラブル続きだ。

この町中華のマネジャーも、やはりＣＨＡＮＧＥに職を斡旋された元受刑者だ。同誌編集部の藤村（久保寺淳）は、刑を終えて出所したのにうまく社会復帰できない彼らのためのトレーニングとして、それぞれが与えられた役を演じる心理療法ドラマセラピーの実施を思い付き、田中たち元受刑者五人に声をかける。

なぜ社会は元受刑者に対して不寛容なのか。最大の理由は不安と恐怖だ。一度道を踏み外したならば、きっとまた同じことを繰り返す。市井に生きる多くの人は、その不安を払拭できない。加速する体感治安の悪さもこの傾向に拍車をかける。いつ何時、自分や自分の家族が不審者に襲われるかもしれない。

今年六月に山手線電車内で、居眠りしていた外国人料理人が包丁を床に落としたことで始まったパニックは象徴的だ。駅員は警察に「電車の中で刃物を振り回している人がいる」と通報し、乗客は車両内に靴やキャリーバッグ、スマートフォンなどを放り出して集団となってホームを暴走し、三人が転倒するなどしてけがをした。

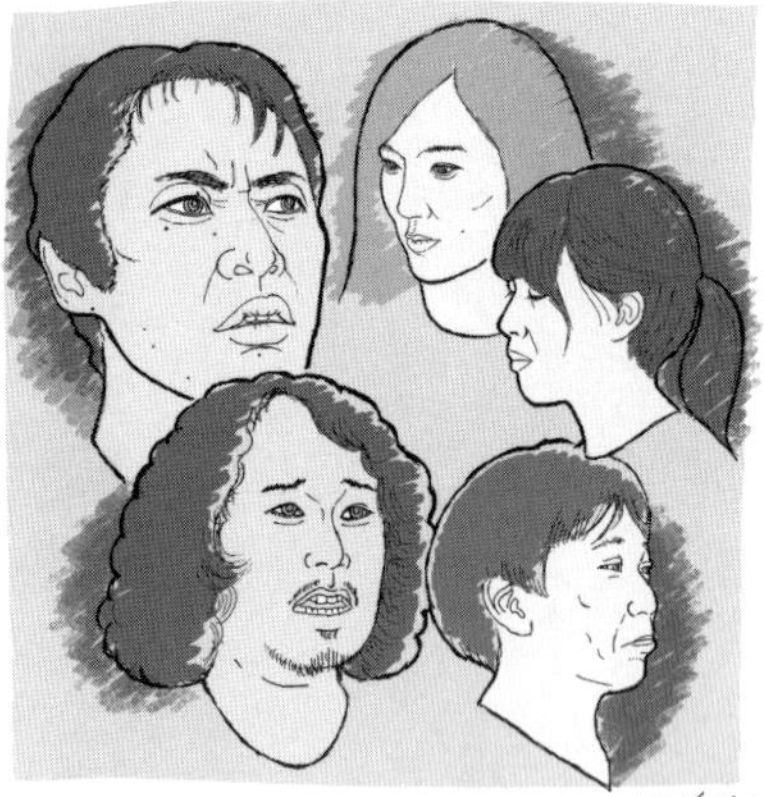

でもというか、だからこそというか、あなたに知ってほしい。日本の治安の良さは世界のトップレベルだ。人口比における殺人事件は圧倒的に少ない。しかもほぼ毎年減少している。過ところが多くの国民はこのことを知らない。過剰な事件報道などが要因となって、実際の治安は悪化などしていないが、体感治安は悪化する一方だ。多くの人が怯えている。

補足せねばならないが、日本の再犯者率（検挙された人に占める再犯者の割合）が約五〇%とかなり高いことは事実だ。彼らの社会復帰が阻害されていることに加え、刑務所の処遇が反省・更生よりも懲罰に重きを置くシステムであることも、再犯者率が高い要因の一つだろう。

「僕はずっと社会の根底にある、時代の無意識のようなものを映画ですくい取る作業を続けています」と語る監督の舩橋淳は、多くの元受刑者に面会し、「一歩間違ったら自分も罪を犯すかもしれない、自分と彼らは何も変わらない」と断言する。

実はエチュード（即興）的な撮影は、前作『ある職場』も同様で、舩橋監督の真骨頂だ。終盤の劇中劇と観客の反応を見ながら胃が痛くなる。全員の言葉があまりにリアルで、虚構と現実が逆流する感覚に襲われる。

テーマは重い。だからこそこの手法が功を奏している。稀有な映画体験と言っていいと思う。

『過去負う者』（二〇二三年）
監督／舩橋淳
出演／辻井拓、久保寺淳、紀那きりこ、みやたに

〈二〇二三年九月五日号〉

75 「ぎこちなさ」に魅せられる……少年の成長譚『アイヌモシㇼ』の配役がもたらす説得力

『アイヌモシㇼ』のストーリーはとても単純だ。一四歳のカントは、アイヌ民芸品店を営む母親のエミと北海道阿寒湖畔のアイヌコタンで暮らしている。一年前の父親の死をきっかけにアイヌ文化と距離を置き始めたカントは、亡き父の友人であるデボに幼いヒグマの世話を任せられる。

カントは知らなかったけれど、デボが子熊を飼育していたのは、アイヌにとって大切な熊送りの儀式「イオマンテ」復活のためだったのだ。この子熊はいずれ殺される。全てを知って動揺するカント。やがてイオマンテの儀式が始まる。

つまり本作は少年の成長物語。その意味では映画の王道だ。観ながら、大学に入ったばかりの時期にサークルの飲み会で知り合った一人の言葉に困惑したことを思い出した。北海道出身という彼に、「アイヌは周辺に住んでいるのかな」と何げなく尋ねたとき、顔をゆがめながら彼は「あんな奴らの話などしたくない」と答えたのだ。それまでニコニコと談笑していただけに、その変化があまりに唐突で、何と返せばいいのか分からなかった。

彼の暗い情念の根拠や由来は今も分からない。でも日本人は単一民族で構成されていると大真面目で言う人は、昔も今も意外に多い。冗談じゃない。日本人の法律的な定義は「日本の国籍を有する」人だ。決して民族的同一性を意味するものではない。

かつて日本列島では、（人類学的な見地からは諸説あるけれど）東南アジアを起源とする人たちが渡来して縄文人となり、北東アジアを起源とする人たちが定住して弥生人となり、さらに朝鮮半島とユーラシア大陸東部を起源とする人たちが渡来して（いちばん背の高い）古墳人となった。蝦夷《えみし》や隼人など先住民といえる人々もいた。これらが混血融和しながら現在のハイブリッドな日本人が形成された。

つまり雑種。でも多くの民族や言語や宗教が混在するアメリカやヨーロッパから帰国するたびに、空港で大勢の日本人を眺めながら、確かに単一民族なのかもと思いたくなる。息苦しい。扁平なのだ。さらに入管法改正（本当は改悪と書きたい）が示すように、インバウンドは歓迎するが外国人が生活圏に増えることを忌避する傾向は強くなるばかりだ。

これまでの人生で多くの北海道出身や在住の人と話してきたが、同じサークルだった彼のような反応をした人は一人もいない。彼にはよほど特別な（普遍化できない）事情があったのだろうと今は思っている。

アイヌの現在や歴史をテーマにしたドキュメンタリーやコミックは数多いけれど、劇映画は意外に少ない。この夏に話題になった『山女』の福永壮志監督が二〇二〇年に発表した本作以外では、もうすぐ公開される『カムイのうた』（菅原浩志監督）と『ゴールデンカムイ』（久保茂昭監督）、『シサム』（中尾浩之監督）くらいだろうか。……調べてみたら意外に多い。三本とも公開はこれからだ。急に増えた理由はよくわからないが、これまであまり作られてこなかった理由の一つは、アイヌとして説得力のある外見を持つ俳優が少ないからだろう。だからカントとデボと母エミだけではなく本作の主要キャストは、ほぼ全て実際のアイヌやその末裔たちだ。もちろん演技はプロじゃない。

ところが、そのぎこちなさが邪魔にならない。むしろ映画に貢献している。なぜだろう。もう一度観返したい。

『アイヌモシㇼ』（二〇二〇年）
監督／福永壮志
出演／下倉幹人、秋辺デボ、下倉絵美、OKI
〈二〇二三年一〇月一〇日／一七日合併号〉

76 風化させてはいけない……障害者殺傷を描く映画『月』は多くの人に観られるべき

二〇二〇年三月、相模原市知的障害者施設殺傷事件の実行犯である植松聖《さとし》に僕は面会した。この数日前に植松は一審で死刑判決を下されていた。でも控訴しないつもりらしい。ならば死刑が確定する。面会や手紙のやりとりができなくなる。控訴すべきだと僕は透明なアクリル板越しに植松に言った。

あなたは自分が起こしたこの事件の背景や理由について、もう少し考える時間と材料を社会に提供すべきだ。

ほほ笑みながら植松は、「無理ですよ」と首を横に振った。「それは筋が違います」とも言った。表情は柔和だが言葉は強い。

犯行前に植松が大島理森衆議院議長（当時）に宛てた手紙には、具体的な犯行予告だけではなく、「私はＵＦＯを二回見たことがあります。未来人なのかも知れません」と書かれており、その最後には、犯行後は自由な生活と五億円の支援を確約してほしいとも記されている。それも自民党の衆院議長に（そもそもは故・安倍晋三元首相宛てに書いたらしい）。ちょっと変わっている、のレベルではない。大幅に常軌を逸している。

でも精神鑑定の結果は、重大犯罪の場合にはほぼお約束のパーソナリティー障害だった。

理由は想像がつく。もしも責任能力がないということになれば処刑できなくなる。それは困る。多くの人が怒り狂う。だから最初から死刑判決以外はあり得ない。そんな裁判に意味はあるのか。

辺見庸の原作を大幅に改定した映画『月』について、あえて言葉を選ばずに書けば壮大な失敗作だと僕は思う。挿入された夫婦の縦軸は、出生前診断という命へのジレンマを体現するためだけの存在ではないはずだ。

でも他の要素が見えづらい。書くことや描くことと撮ること（つまり作ること）へのこだわりが生きていない。さとくんの変化の描線もよく分からない。彼が犯行を起こす前の施設の状況が大きな要因だったことは明らかになっているのだから、そこをもっと深く掘り下げてほしかった。

自作公開直前にこうした文章を書くことはつらい。どの面下げて、と自分でも思う。それを理由に補足するわけではないが、この映画は作られるべきだったし多くの人に観られるべきだ。思考のフックはたっぷりある。風化させてはいけない。石井裕也監督のその思いには強く共感する。

映画はその国の世相や社会の成熟度を示す。大きな事件が起きたとき、これをフィクションとして映画にすることは、諸外国では普通の行為だ。

七七人が殺害されたノルウェーの連続テロについては、七年後に二本の劇映画が公開された。ハリウッドに蔓延する性加害がテーマの『SHE SAID／シー・セッド その名を暴け』も騒動時に企画は始まり、既に公開されている。でも日本では、実際の事件の映画化はハードルが高い。多くの人が事件について忘れかけないとなかなか映画が作れない。

その理由についてここに書く紙幅はないが、本作のウェブサイトで石井監督は、「撮らなければいけない映画だと覚悟を決めました。多くの人が目を背けようとする問題を扱っています」と述べている。

生きる価値がないと命を選別して殺した彼は、命は全て平等に価値があると怒る社会から、おまえは生きる価値がないと判断されて処刑される。せめてその矛盾に社会は気付くべきだ。

面会時間が過ぎて帰るとき、扉を開けながらふと振り返れば、さとくんは深々と頭を下げていた。

『月』（二〇二三年）
監督／石井裕也
出演／宮沢りえ、磯村勇斗、二階堂ふみ、オダギリジョー
〈二〇二三年九月一九日・二六日合併号〉

77 アメリカン・ニューシネマの代表作『いちご白書』を観た日が僕のターニングポイント

高校受験が終わった春休み。一五歳だった僕はクラスメイトに誘われて、当時住んでいた新潟市内の名画座に足を運んだ。

大人びたクラスメイトは、みんなが聴いていたサイモン&ガーファンクルやビートルズだけではなく、ボブ・ディランやピート・シーガーなどのレコードも持っていて、時おり名画座にも足を運んでいるという。

上映していた映画は『イージー★ライダー』『いちご白書』の二本立て。この時代にはスマホはもちろん、ネットも存在していない。「ぴあ」や「シティロード」など映画情報誌の登場は数年後だ。つまり二本の映画についての予備知識はほぼない。

最初に『イージー★ライダー』が上映され、次に『いちご白書』だった。ロールクレジットと共にバフィー・セントメリーが歌う主題曲「サークル・ゲーム」がフェイドアウトし、館内が明るくなって隣に座っていたクラスメイトが立ち上がっても、僕は腰を上げることができなかった。決して誇張ではなく腰が抜けていた。

想像してほしい。それまでゴジラやモスラやガメラなどの怪獣映画かディズニーのアニメ映画、文部省推薦の『サウンド・オブ・ミュージック』や『二十四の瞳』を観てきた一五歳の少年が、いきなりアメリカン・ニューシネマを観たときの衝撃を。

その後の高校生活で、この小さな映画館は僕にとって一つの拠点になっていた。もっとも高校生の小遣いでは、月に一回くらいしか行けなかったが、ここで『卒業』や『真夜中のカーボーイ』『…YOU…』『明日に向って撃て！』などアメリカン・ニューシネマを観続けた。ゴダールの『勝手にしやがれ』やトリュフォーの『大人は判ってくれない』などヌーベルバーグも観たけれど、当時の自分には難解すぎてよく分からなかった。やはり僕にとって映画の原点は、一九六〇年代後半から七〇年代半ばにかけてアメリカで製作されたアメリカン・ニューシネマだ。ベトナム戦争や公民権運動、ヒッピームーブメントやカウンターカルチャーなど社会や政治の大きな変動が反映された映画の潮流。反体制で無軌道な主人公が権力や体制に反逆するが、最後は必ず負ける。つまりアンハッピーエンドが定型だ。

実際に起きたコロンビア大学の学生運動を題材にした『いちご白書』は、まさしくアメリカン・ニューシネマにおいて典型的な作品だ。主人公のサイモンは女の子のナンパが目的で学生運動に関わり、大学のバリケード内で出会った

リンダと恋に落ちながら社会のさまざまな矛盾や不合理に気付いて真剣に運動を始める。だが最後には突入してきた機動隊員に、リンダや仲間たちと共に蹴散らされ踏みにじられる。痛烈な国家権力批判であり、不条理で無慈悲なベトナム戦争のメタファーであり、そして切ないラブストーリーだ。

クラスメイトには先に帰ってもらい、僕は同じ席に座り続けて、もう一度『イージー★ライダー』と『いちご白書』を観た（当時の名画座ではそれが可能だった）。

上映が終わったときは日が暮れていた。家に向かう道を一人で歩きながら、僕は何度も、映画ってすごいとつぶやいていた。まさしく僕にとってターニングポイントになる一日だった。

※書籍化にあたっての補足…二〇二三年一〇月から始まったガザ地区における市民への無差別な虐殺行為に対して怒る学生たちが、アメリカ各地で反イスラエルのデモを繰り広げた。その大きな拠点のひとつがコロンビア大学だ。ニュース映像を見ながら、「いちご白書」を思い出した人は決して少なくないはずだ。

『いちご白書』（一九七〇年）
監督／スチュアート・ハグマン
出演／ブルース・デイビソン、キム・ダービー、バッド・コート

〈二〇二三年一〇月三一日号〉

78 続編（とキャメロン監督）はダメでも、僕は『アバター』が好き

前回書けよと自分でも思うけれど、前回からコラムのタイトルが変わった。私的邦画論ではなく「私的映画論」。つまり扱う題材として邦画だけでなく、洋画も含めることにした。

もちろん邦画のストックがなくなったからではない。成瀬巳喜男《みきお》や山本薩夫、溝口健二や内田吐夢など、感銘を受けながらまだ取り上げていない巨匠はいくらでもいるし、今も多くの映画が現在進行形で製作されて公開されている。

サブスクに押されて映画は斜陽産業とのイメージを持つ人は多いが、昨年の映画館における邦画の公開本数は、（日本映画製作者連盟によれば）コロナ禍でありながら六三四本で、一日に二本弱の新作映画が公開されていることになる。特に二〇〇五年以降は増加傾向にあり、ピークはコロナ直前の一九年で邦画六八九本、洋画五八九本、合計一二七八本が公開されている。

（特にコロナ以降は）閉館するミニシアターも少なくない。本数は増えているがスクリーンの数は減っている。つまり公開期間が短くなっているのだ。

九月一日に東京や大阪などで公開が始まった自作『福田村事件』は当初から上映館を増やし、二カ月以上たった今もまだ上映が続いている。ミニシアター発の映画としては、かなり

異例らしい。

この連載のカテゴリーに邦画だけではなく洋画も含めた理由は、実はこの自作の映画も関係している。ほかの邦画について書きづらくなったのだ。特に批判的な記述の場合は、書きながら自分も苦しくなる。

そもそも批評はできない。だってまだ監督として現役なのだ。でも感想くらいは言える。そう考えてタイトルに「私的」を付けて何とか一線を保ってきたけれど、自分の作品が公開中の今、他の映画の感想は言いづらい。知り合いの監督も多い。近すぎるのだ。だから洋画も加える。小手先ではあるが、これでずいぶん書きやすくなった。

言い訳と説明で字数を使ってしまった。今回取り上げる『アバター』はつい数年前まで、「一番好きな映画は?」と質問されたときに、ほぼ必ず名前を挙げていた作品だ。

太古の地球を思わせる惑星パンドラで自然と一体化しながら暮らしてきた先住民族ナヴィは、明らかにネイティブ・アメリカンのメタファーだ。そしてレアメタル発掘のためにナヴィの集落に攻撃を仕掛けるRDA社が差し向けた軍隊は、ベトナム戦争時の米軍そのままだ(実際に主人公のジェイクは米海兵隊出身という設定)。つまり本作は、潤沢な予算でCGを駆使したアメリカン・ニューシネマなのだ。RDA社はネイティブ・アメリカンの側から見た騎兵隊でもあるし、ベトナム人の側から見た米軍でもある。

でもそんな思いも、昨年公開された『アバター:ウェイ・オブ・ウォーター』を観てしぼんだ。批評性はすっかり後退している。CGが空しい。がっかりだ。

そもそもジェームズ・キャメロンは好きな監督じゃない。『タイタニック』は僕にとってワーストにランキングされる映画の一つだ。

……洋画なら好きなことを書ける。まあでも、監督や他の作品を切り離せば、『アバター』はやはり僕にとってフェイバリットな作品だ。

『アバター』（二〇〇九年）
監督／ジェームズ・キャメロン
出演／サム・ワーシントン、ゾーイ・サルダナ、シガニー・ウィーバー

〈二〇二三年一一月一四日号〉

79 北海道警の安倍ヤジ排除問題を追う『ヤジと民主主義』が見せたメディアの矜持

お供を引き連れて全裸の王様が歩いてきます。沿道を埋め尽くす群衆は、「なんて素敵なお召し物かしら」などと口々に言い合いながら王様を見つめます。バカには見えない衣装を着ていると事前に伝えられていたので、衣装が見えないとは言えません。

でも周囲の人たちとうなずき合っているうちに、本当に見えるような気がしてきました。そのとき子どもが叫びました。「王様は裸で歩いているよ！」

周囲の大人たちは慌ててたしなめようとします。でも子どもはもう一度叫びます。「何にも着てないよ！」

しばらく沈黙してから、一人の大人が「やっぱり裸なのね」とつぶやきます。続いてもう一人、「恥ずかしくないのか」。声は少しずつ増えてゆきます。

……ここまではアンデルセンが翻案した「裸の王様」のラストシーン。もしも今の日本に舞台を移し替えたら、どんなラストになるだろう。

「王様は裸で歩いているよ！」

子どもがそう叫んだ瞬間、周囲にいた警官やＳＰたちが子どもを包囲して手や口を押さえ、無理やりに沿道から引き離しました。群衆たちも気にしません。王様は何事もなかったかの

ように裸で行進を続けます。

二〇一九年七月一五日、札幌で安倍晋三首相（当時）が演説を始めたとき、「安倍やめろ！」とヤジを飛ばした男性と増税反対を訴えた女性を警察官が拘束し、さらに現場から強引に引き離した。

その瞬間を映した短いニュースは僕も観た。その後、本作『ヤジと民主主義』の監督でHBC（北海道放送）報道部の山崎裕侍から映画化を考えていると聞いたとき、短いテレビドキュメントならともかく映画は無理じゃないかな、と思ったことを覚えている。

観終えて脱帽。いや帽子を脱ぐくらいじゃ足りない。王様のように裸にならねば。一時間四〇分はあっという間。とても秀逸で、問題提起は深い。そして何よりも、めちゃくちゃ面白い。

そのときその場にいた人たちを、山崎とカメラは訪ね歩く。二人だけではない。この日は少なくとも九人が警察によって排除されていた。プラカードを掲げるために現場に来たが、それすら阻止された女性たちもいる。抗議に対して北海道警は七カ月沈黙してから、排除は適正だったと結論付けた。そして裁判が始まる。あとはネタバレになる。裁判に何が影響したのか。ぜひ見てほしい。

警官がこれほど露骨に人権侵害を行ったことについて元道警幹部は、「メディアの前で平然とやった。あんたたち（マスコミは）無視されたんですよ」とインタビューで山﨑に語っている。だから思い出す。

僕にとっての映画デビュー作である『A』には、オウム信者が不当に逮捕される瞬間が至近距離から記録されている。警官たちが撮影を妨害しなかった理由は、僕をテレビカメラマンと見なしたからだろう。テレビならば撮っても発表しない。つまりなめられていたのだ。メディアが権力を監視しなければ、権力は必ず暴走する。

制作はＨＢＣ。つまりテレビ局。そして山﨑はテレビディレクター。でもこの作品は政治権力に対して一切忖度しない。モザイクはほぼない。見事だ。土俵際いっぱいで炸裂したメディアの矜持がここにある。

『ヤジと民主主義』（二〇二三年）
監督／山﨑裕侍

〈二〇二三年一一月二八日号〉

80 『フロント・ページ』はドタバタコメディーだけど大事なテーマが詰まっている

大学時代に映研に所属して8ミリ映画を撮っていたことについては、この連載でも何度か触れた。スタッフはもちろん、キャストも自分たちでやる。最初は棒読みだったと思うが、何度かサークル仲間の映画に出演しているうちに演技も面白いと思い始め、四年生になって多くのクラスメイトが就活に焦り始める頃に新劇の俳優養成所に入所した。

同期は学生から会社員までさまざま。男たちの多くの憧れは原田芳雄と松田優作、そしてショーケン（萩原健一）。だから（僕も含めて）半分近くはサングラスに長髪で革ジャン。つまり形から入っていた。ちなみに女の子たちの憧れは桃井かおりが多かったように思う。

芝居に身を投じるほどの情熱があったわけではない。大学を卒業して就職するという既成のコースに乗るだけの覚悟ができていなかったのだ。とはいえ大学を中退するほどの度胸もない。その意味では芝居でも音楽でも（政治）運動でもよかったはずだ。要するにモラトリアムを延長したかっただけなのだ。

ただし入所したときは、それなりに演技に夢中になった。稽古の後は渋谷の居酒屋で同期生たちと、ニューヨークのアクターズスタジオ出身のダスティン・ホフマンはカメラに写らないポケットの中まで役作りするんだぜ、などと青くさい演劇論を語り合いながら安酒を飲んでいた。

新劇の養成所ではあるけれど、舞台志向の同期生は少数派だったと思う。映画やテレビドラマで脚光を浴びることが夢だった。

そんなときに都内の名画座で『フロント・ページ』を観た。監督は名匠ビリー・ワイルダー。主な舞台は一九二〇年代、シカゴの裁判所の記者クラブ。記者たちはここに机を置き、昼から酒を飲みながらポーカーに耽ける。つまり彼らは当時のアメリカ社会のアウトサイダーだ（記者と知ったタクシーの運転手から乗車拒否されるシーンがある）。

多くのスクープ記事を手がけた敏腕記者のヒルディ（ジャック・レモン）は、そんな記者生活に嫌気が差して、会社を辞めて恋人と共にシカゴを離れることを決意する。しかし編集長（ウォルター・マッソー）はこれを許さない。あの手この手で止めようとする。そんなときに脱走したはずの死刑囚の男が、記者クラブの部屋に逃げ込んできた。たまたま一人だったヒルディは、これは最後のスクープだと他の記者たちから彼を隠そうとする。待ちかねた恋人がやって来る。スクープのために彼女をヒルディ

から遠ざけようとする編集長。やがて他社の記者たちも死刑囚の存在に気付き始める。

基本はコメディだ。それもかなりドタバタ。アクターズスタジオで演技を学んだダスティン・ホフマンやロバート・デ・ニーロ、アル・パチーノやジーン・ハックマンなどがスタニスラフスキー・システムをベースにしたリアルな役作りならば、ジャック・レモンとウォルター・マッソーは、どの役をやってもレモンやマッソーだ。余裕たっぷり。まさしく芸なのだ。

同時に、本作がはらむ（決して前景化はしていないが）テーマは、ジャーナリズムの在り方と死刑制度の是非。記者たちは権力を看視できているのか。この男を公務として殺すことにどんな意味があるのか。……改めて観返せば、その後の自分にとって、とても重要な要素が詰まっている一作だったことに気付く。

『フロント・ページ』（一九七四年）
監督／ビリー・ワイルダー
出演／ジャック・レモン、ウォルター・マッソー、
スーザン・サランドン

〈二〇二三年一二月一二日号〉

IX

20240123-20240220+α

81 アラン・パーカー監督『バーディ』の強烈なラストシーンが僕たちを救う

好きな映画は何かと質問されたとき、そのときの気分で答えは微妙に違う。言い換えれば映画への評価は自分の中でいつも揺れていて、そのときの気分や体調だけではなく、もしかしたら天候にだって左右されるのかもしれない。

好きな監督については、あまり揺れない。ただし多い。なかなか絞れない。だから質問されたときは複数の名前を挙げる。でも一人だけ、絶対に外せない監督がいる。

アラン・パーカーだ。

イギリス出身。広告関連の仕事をしていたが、二〇代後半にプロデューサーのデービッド・パットナムに指名されて『小さな恋のメロディ』(一九七一年)の原作・脚本を担当し、映画と関わるようになる。その五年後に自ら脚本を書いた『ダウンタウン物語』で監督デビューし、さらに二年後にオリバー・ストーンの脚本で『ミッドナイト・エクスプレス』を発表する。

この映画は衝撃だった。当時の僕は大学生。その後も『フェーム』『エンゼル・ハート』『ミシシッピー・バーニング』などアラン・パーカーの作品は全て観ている。

社会派と形容されることが多いが、『小さな恋のメロディ』やミュージカルの『フェーム』

が示すように、実はその定義に収まらない監督だ。

八四年にパーカーは『バーディ』を発表する。高校時代の親友だったバーディ（マシュー・モディーン）とアル（ニコラス・ケイジ）は、ベトナム戦争に徴兵される。幼い頃から翔《と》ぶことに異常に執着していた内向的なバーディは、戦場の過酷な体験で心に大きな傷を負い、一言もしゃべらなくなって軍の精神科病院に収容される。

顔面を負傷して前線から戻ってきたアルは自らの治療を続けながら、ベッドの端で鳥のようにうずくまるバーディに面会する。閉ざされた彼の心を再び解放するため、アルは高校時代の二人の思い出を語り続ける。

面会は何日も続く。でもバーディはアルの言葉にまったく反応を示さない。感情を抑えきれなくなったアルに抱き締められながら、部屋の小窓に区切られた青空をじっと見つめ続けるばかりだ。
……ここまでストーリーラインを書いたけれど、この映画を知る上で、ストーリーそのものに意味はあまりない。この映画の本質はラストだ。これほどに強烈で、意表を突いて、観客を突き放して裏切って、そしてみずみずしいラス

トシーンは、その前もその後も見たことがない。

この映画を僕は、年上の友人と一緒に観に行った。映画が終わって劇場内が明るくなったとき、人をバカにしているよ、と彼は言った。本気で怒っていた。でも僕は笑っていた。笑うしかない。そして感動していた。すごい映画だ。二人の青春時代は甘く切なく、戦場は殺す側も殺される側も壊され、そして翼を持たないバーディは空を見つめ続ける。人はなぜ地を這いながら憎み合うのか。人はなぜ土地を奪い合いながら殺し合うのか。

蝋《ろう》で貼り合わせた翼を付けたイカロスは高く飛びすぎたために太陽の熱で蝋が溶け、地上へと落下する。人は飛べないのだ。まさしくその瞬間、映画のラストは僕たちを救う。あらためて思う。大好きな映画だ。

『バーディ』(一九八四年)
監督/アラン・パーカー
出演/マシュー・モディーン、ニコラス・ケイジ、
ジョン・ハーキンス

〈二〇二四年一月二三日号〉

82 シルベスター・スタローンの不器用さが『ロッキー』を完璧にした

これまでの人生で、映画から多くを教わったことは確かだ。教訓の半分以上は映画から得たと誰かが書いていたけれど、さすがにそれは多すぎる。でも五分の一くらいはあるかもしれない。

もちろん、映画の全てが示唆や教訓にあふれているわけではない。観終えたら何も残っていないという映画もたくさんある。

ならばその逆に、観終えた後も何かがずっと残り続ける映画のランキングはどうなるのか。とここまで書きながら、これはやっぱり難しいやと思い始めている。「観終えた後もずっと残り続ける」を要約すれば、「心に残るいい映画」ということになる。これについて総論的に書くには、いくらなんでも紙幅が足りない。でも一作だけ、最初に観てからもう四〇年近くたつのに、今もずっしり残り続けている映画がある。『ロッキー』だ。当時二〇代前半だった僕にとってこの映画は、明らかにリアルで衝撃的な体験だった。

無名の俳優だったシルベスター・スタローンは、低予算映画のエキストラや脇役などへの出演を続けながら、無名のボクサーが世界ヘビー級タイトルマッチの対戦相手に指名されて脚光を浴びるという脚本を書いた。プロデューサーのアーウィン・ウィンクラーが脚本に興味を示したが、スタローンは自分が主演でないかぎり脚本を売るつもりはないとこれを拒否。最終的に予算が大幅にカットされることで合意して、初の主役を射止めたエピソードは有名だ。

要するに、映画だけではなく、そのメイキングもサクセスストーリーなのだ。監督はやはり（日本では）ほぼ無名だったジョン・G・アビルドセン。公開後はアカデミー作品賞など多くの賞を獲得して、世界中で大ヒットを記録した。

この映画の成功の理由は、シンプルすぎるくらいにシンプルなストーリーもそうだが、何といってもロッキー・バルボアを演じるスタローンの魅力に尽きる。

といっても、スタローンは決して演技派ではない。顔や体格はどう見ても、現れてすぐに消されるマフィアの用心棒だ。しかも（後に本人が語っているが出産の際の事故で神経が傷つけられて）、顔の一部が自由に動かなくなり、あの舌足らずなしゃべり方になってしまったらしい。

だからこそ、とろくて不器用でみんなからバカにされて安アパートでカメを飼いながら、ペットショップに勤める内気なエイドリアンに恋するロッキーに、演技ではないと思わせる説得力が付与された。

ウィンクラーは当初、イタリア系であるという前提を変えてロバート・レッドフォードやバート・レイノルズの起用を考えていたようだが、この二人では絶対にロッキー・バルボアにはなれない。

試合で敗者になったロッキーは、エイドリアンの愛を獲得する。いま観返しても完璧な映画だ。

ただしその後に作られたシリーズ作品については、ロッキー以降のスタローンのヒット作である『ランボー』シリーズにも共通するが、ほとんど評価できない（最初の『ランボー』は傑作だった）。いろいろ事情はあるのだろうけれど、スタローンのこの不器用さと先を見る力の弱さも、ロッキー・バルボアそのままだ。

『ロッキー』（一九七六年）
監督／ジョン・G・アビルドセン
出演／シルベスター・スタローン、タリア・シャイア、バート・ヤング

〈二〇二四年二月六日号〉

83 原作者とモメる完璧主義者キューブリックの『シャイニング』は異質の怖さ

映画を仕事している人たちの多くにとってスタンリー・キューブリックの名前は、きっと特別な響きを持つはずだ。

二〇代前半の頃に名画座で観た『博士の異常な愛情』(一九六四年)、『二〇〇一年宇宙の旅』(六八年)、そして『時計じかけのオレンジ』(七一年)の衝撃は圧倒的だった。

キューブリックの独自性は、監督だけでなく脚本や撮影、美術、編集、さらに音楽や製作まで全てを支配しようとする姿勢に現れている。つまり完璧主義。この言葉を冠される映画監督は少なくないが、キューブリックの姿勢は突出している。だからこそ、『二〇〇一年宇宙の旅』の原作者であるアーサー・C・クラークや『スパルタカス』(六〇年)脚本のダルトン・トランボなど、原作者や脚本家との確執や内紛は少なくない。

実はキューブリックは、方向性が全く定まらない監督でもある。政治や政治家を批判して揶揄する『博士の異常な愛情』、社会の秩序に異議を唱える『時計じかけのオレンジ』、戦争と軍隊への嫌悪を隠さない『フルメタル・ジャケット』などを発表しながら、宇宙の創生と知性の存在に触れる『二〇〇一年宇宙の旅』や、ジャンルとしては歴史ものに位置する『バリー・リンドン』、男と女の究極に迫る『アイズ ワイド シャット』など、統一感はほぼない。

自分を踏襲しないのだ。しかも必ず原作は別にある。作家的姿勢と職人的気質が同居している。『シャイニング』公開後、原作のスティーブン・キングとキューブリックはやはり激しくもめた。当然だろう。ホテル（あるいは土地）が持っていた邪悪な意図など原作の重要なエッセンスを、キューブリックはほとんど無視している。そもそも超能力を意味するタイトルの意味も、映画ではほぼ消えている。原作を無理に壊そうとしているとしか思えない。

ウェンディ（シェリー・デュバル）が隠れるバスルームの扉をたたき割って顔をのぞかせたジャック（ジャック・ニコルソン）が「Here's Johnny!（ジョニーだよ！）」とうれしそうに言うシーンはあまりにも有名だが、なぜジャックではなくジョニーかといえば、米NBCで放送されていた『トゥナイト・ショー』でジョニー・カーソンが紹介されるときのフレーズをニコルソンがアドリブで言ったとの説がある。よくまあキューブリックの前でアドリブができたなあと思うが、何十回もテイクを重ねたらしいから、もちろん最終的にはキューブリックの判断だ。

最も怖かったのは、ジャックがずっとタイプしていた原稿をウェンディがのぞくシーンだ。

何百枚もの原稿には、「All work and no play makes Jack a dull boy（仕事ばかりで遊ばないとジャックはばかになる）」とひたすら書かれている。まさしく背筋がぞっとした。

悪魔も幽霊も出てこない。それらしきシーンはあるが、精神を病んだジャックの幻想にも見える。雪に閉じ込められたホテルで一人息子のダニーが、廊下で（いるはずのない）双子の少女と出会うシーンはあるが、それも事実かどうかは明確ではない。

観ながら思う。自分は今、ジャックの幻想を観ているのではないか。それが分からない。だから怖い。明らかにゾンビやスプラッタ系とは異質の怖さだ。

『シャイニング』（一九八〇年）
監督／スタンリー・キューブリック
出演／ジャック・ニコルソン、シェリー・デュバル、ダニー・ロイド

〈二〇二四年二月二〇日号〉

84 ノスタルジーだけじゃない自伝的青春映画『Single8』

祖父が持っていたカメラで小学生の頃から8ミリ映画を撮っていた小中和哉は、一九七七年に公開された『スター・ウォーズ』に衝撃を受けて、高校と大学時代には映研に所属して自主制作映画を撮り続けた。大学卒業後、彼はパラレルワールドをテーマにした映画『星空のむこうの国』（八六年）で監督デビューする。

なぜこの時代の自主制作映画は8ミリとイコールなのか。僕が大学に入る数年前、8ミリフィルムに磁気ストライプをコーティングする技術が開発され、それまではできなかった同時録音が可能になった。これは画期的だ。デジタルビデオカメラ民生機の誕生に匹敵する。8ミリで映画を撮る人が一気に増えた。

僕も小中もその世代だ。ちなみに僕自身は、『スター・ウォーズ』に大きな衝撃を受けた記憶はない。多くの映研メンバーが絶賛していた『アメリカン・グラフィティ』もぴんとこなかった。ジョージ・ルーカスよりも圧倒的に、『続・激突！ カージャック』や『ジョーズ』のスピルバーグ派だったのだ。

『星空のむこうの国』以降の小中は、『四月怪談』『くまちゃん』『ＵＬＴＲＡＭＡＮ』『七瀬ふたたび』など、商業映画のキャリアを重ねる。その作風を一言にすれば（本当は一言になどすべきではないのだが）特撮ファンタジー。それは一貫している。

その小中が、自らの自主制作映画時代を映画にした。つまり自伝映画。特撮映画ではない。特撮を撮ろうとする高校生たちが主人公の映画だ。

これは小中本人に聞いたのだが、本作はそもそも自主制作映画として始まっている。要するに手弁当。完成後に配給や製作が決定した。気持ちとしては8ミリ時代と同じなのだ。この時代にCGなどない。多重露光やリバース（逆回し）など、あくまでも光学的な特撮だ。

以下にストーリーを要約する。

一九七八年夏。高校生の広志（上村侑）は公開されたばかりの『スター・ウォーズ』を観て驚愕し、友人の喜男や佐々木と共に宇宙船のミニチュアを作り、8ミリカメラで撮影し始める。一本の映画を作ろうと思い付いた広志たちがフィルムを逆に回すリバース撮影機能を知ったことで、宇宙人が地球の時間を逆転して人類の進化をやり直させようとするストーリーが生まれる。
ひそかに憧れるクラスメイトの夏美をヒロインにしたい思いもあった広志は、文化

祭で公開することを目標に夏休みを使って8ミリ映画を撮る。

要約はここまで。今はもう8ミリフィルムの入手や現像はとても難しい。完全に過去の遺物だ。ならば個人史でもあるこの映画は、ノスタルジーに終始しているのだろうか。

もちろん違う。実のところ小中は、「自由と生命を守る映画監督の会」を牽引する硬派だ。その思想は、劇中劇として上映される作品のストーリーにしっかりと反映されている。具体的には書かないほうがいいと思うが、ラスト近くの二〇分、僕は至福の時間を過ごすことができた。ラストの夏美の心変わりについても、甘さに酸味を加えている。つまり甘酸っぱい。

彼女は暗い8ミリ映画制作者よりも華やかなミュージシャンを選んだのだ。

……これは書いていいかな。僕もずっと思っていたこと。やっぱり映画制作者よりはミュージシャンのほうが格好いいのだ。

『Single8』（二〇二三年）
監督／小中和哉
出演／上村侑、髙石あかり、福澤希空、桑山隆太

〈書き下ろし〉

85 不出来でも萌芽を感じた『グッドモーニングショー』

「見たいものを見せるのがワイドショーじゃないですか。視聴者の興味が最優先でしょ！」『グッドモーニングショー』の劇中でワイドショーのディレクターが口にするこの言葉を聞きながら、要するに週刊文春だと考える。

大切なことはまずは部数。つまり読者の興味と関心。イズムや理念など不要。話題になるのなら芸能スキャンダルもやれば、政治家や捜査権力の不祥事までもスクープする。与党も野党も関係ない。

すがすがしいほどにイエロー・ジャーナリズムに徹したこの姿勢が、結果として政治権力の監視機能を見事に果たしている。つまり週刊文春の独走状態は、新聞やテレビなど既成メディアが、ジャーナリズムとしてほぼ機能不全の状態にあることを示している。

そんなことを冒頭から思わせる本作の公開は二〇一六年。封切り時には見ていない。つまり（僕のアンテナの感度はともかくとして）それほど話題にならなかった作品と言っていいと思う。

でも面白かった。まずはそれが率直な感想。主人公の澄田真吾（中井貴一）は、民放で朝に放送される情報系番組『グッドモーニングショー』のメインMCだ。かつては報道番組のニュースキャスターだったが、震災時の現場リポートでふざけていた様子が放送されて顰《ひん》蹙《しゅく》を買い降板、情報系番組に異動させられたのだ。

起床は毎日朝三時。家族は妻と一人息子。ここまでが導入。報道のメインキャスターから降ろされてバラエティー番組のMCとなった主人公との設定に、昨年放送されて話題になったテレビドラマ『エルピス』（大根仁監督）を思い浮かべる人は少なくないと思う。確かに共通項は多い。

前半から中盤にかけて描写される放送現場の裏舞台は、かつてテレビ業界にいた僕から見ても驚くほどにリアルだ。報道系と情報系の番組スタッフ間に漂うぎすぎすした雰囲気も、多少誇張はされているが、僕としては「あるある」だ。もう一度書くが面白い。テンポも良い。俳優たちもみな達者だ。メディア批判の映画はハリウッドには多いが、なぜか邦画には少ない。ここからそっちに向かうのなら、大傑作になっていたかもしれない。

でも残念ながら後半の展開は、『エルピス』ほどには深まらない。放送中に起きた立て籠もり事件に澄田は巻き込まれ、隠しカメラを防弾服に装着しながら犯人と対峙して、その映像が全国に生中継される。

その後の展開は、言葉を選ばずに書けばご都合主義そのものだ。立て籠もり犯の動機は（一応は説明されるが）澄田を現場に呼んだ理由と合わせて、全く説得力がない。終盤に澄田が震災現場でふざけていた理由が明かされるが、やはり中途半端だ。物語が弛緩してしまった。

脚本と監督は君塚良一。本来は脚本がメインの君塚が、なぜこのように不出来な脚本を書いたのか。監督することに全神経が行ってしまったということなら、今の僕にとっても決して人ごとではない。

でも（三回目だが）僕は面白かった。いろんな萌芽を感じた。

だから無理を承知で書くけれど、パート二は無理だろうか。もしも実現したら、僕は絶対に観る。

『グッドモーニングショー』（二〇一六年）
監督／君塚良一
出演／中井貴一、長澤まさみ、志田未来、池内博之
〈書き下ろし〉

86 『ケイコ 目を澄ませて』は徹底した引き算が見事

観始めてすぐに思う。自分はなぜこの映画を観ていなかったのか。もっと早く観るべきだった。ならば短いレビューではあるけれど、ほんの少しでも動員に貢献はできたかもしれない。

……と書き出したくなるほどに、『ケイコ 目を澄ませて』の手応えは強い。昨年の公開直前、僕の周囲で前評判は高かった。それなのになぜ、僕は封切りを見逃したのか。

二〇一六年、僕はドキュメンタリー映画『FAKE』を発表した。被写体は(この映画の主人公のケイコと同じく)感音性難聴の障害を持ち、騒動が起きる前には現代のベートーベンや全聾の天才作曲家とたたえられ、騒動の後は稀代のペテン師とか詐欺師などと日本中から罵倒された佐村河内守だ。

自作についてここで語りすぎることは控えるが、聞こえるか聞こえないかの二元論に熱狂する社会や、市場原理に埋没して個人を追い詰めるメディアなど、撮りながらいろいろ考えた。テレビディレクター時代、テレビではタブーとされていた小人プロレスラーを被写体にしたドキュメンタリー番組を、僕は制作している。

自作を引き合いにしながら何が言いたいのかといえば、障害者を被写体や主人公にしたドキュメンタリーやドラマは、一つのジャンルと言いたくなるほどに多いのだ。そしてボクサーが主人公になる映画も、『ロッキー』や『チャンプ』『あゝ、荒野』など、やはり量産されている。

本作を公開時に見逃してしまった理由は、障害者とボクシングという映画における二つのルーティンが重なることで、出来を想像してしまったからだと思う。パターンから脱しているとは思えなかったのだ。

猛省する。三宅唱監督は既成のストーリーテリングにはまらない。手あかが付いた勇気や希望や再生などの話法にも興味を示さない。

ひとことで言えば、試合前のボクサーのように禁欲的な映画だ。足し算はほぼない。ケイコ（岸井ゆきの）はしゃべらない。手話にも過剰なテロップは付けない。16ミリで撮られた作品は少なくないけれど、それがこれほどに成功した作品を僕はほかに知らない。粗い画質と抑制された照明が、見事に昇華している。

ケイコは悩む。苦しむ。でもそれを言葉にできない。そして三宅は、健常者の目線から障害者の内面を造形しつつ提起するという（ありがちで）傲慢な手法は取らない。だから（観る側は）自分自身の視点を模索する。鳥の声や車のブレーキ音や雑踏などのノイズが突き刺さる。彼女はこの音を聞くことができない。改めてそれを実感する。

語らないケイコは、どちらかといえば表情も乏しい。だからこそ一瞬の笑みや涙に心を奪われる。同様に作品も語らない。説明的なセリフなど一つもない。分かりやすいナラティブ（物語）に没しない。徹底した引き算だからこそ、観る側は余白を想像する。考える。

これはテレビでは無理だ。活字で行間を想起させる文学とも違う。ならば何か。映画だ。それしかない。

ジムの会長と妻、そしてトレーナーの男たち。ケイコの弟やその恋人、職場の同僚たち。俳優たちも皆、抑制された演技で素晴らしい。

『ケイコ 目を澄ませて』（二〇二二年）
監督／三宅唱
出演／岸井ゆきの、三浦友和、三浦誠己、松浦慎一郎

〈書き下ろし〉

87 『サンダ対ガイラ』で知った生きることの加害性

第二次大戦終盤、劣勢のナチスドイツから同盟国の日本へ、不死身の兵士を造るための研究素材がUボートで送られてきた。「フランケンシュタインの心臓」だ。しかし素材が届けられた医療研究所が位置する広島に原爆が投下され、被爆した「フランケンシュタインの心臓」は巨大な人間へと再生する。

その身長は二〇メートル。性格は温厚だが、テレビの取材中に研究所を脱走し、その後は地底から現れた凶悪な怪獣バラゴンと闘って、自らの命と引き換えに人類の危機を救う。

ここまでは『フランケンシュタイン対地底怪獣（バラゴン）』のストーリー。この続編が、今回紹介する『フランケンシュタインの怪獣 サンダ対ガイラ』だ。前作で死んだフランケンシュタインの細胞を培養して誕生した山のフランケンシュタイン「サンダ」と、海のフランケンシュタイン「ガイラ」の物語。体長二五メートルのガイラは狂暴で、都市を破壊して人を襲う。なぜなら主食は人肉だから。体長三〇メートルのサンダは穏やかな性格で人との調和を目指す。荒れ狂うガイラを説得しようとするが失敗し、ガイラとの対決を決意する。

僕が小学生の頃は怪獣映画の黄金期だ。ゴジラはもちろん、キングギドラもラドンもガメラもこの時期に観た。でもこのラインアップにフランケンシュタインが登場したときは、

（子ども向けに翻訳されたメアリー・シェリーの原作を読んでいたこともあって）さすがに無理があると感じた。

複数の死体のパーツを縫い合わせてできたフランケンシュタインは、そもそも怪物ではあっても怪獣ではない。サイズも普通の人より少し大きいだけ。これでは怪獣映画にならない。そこで監督の本多猪四郎と特技監督の円谷英二と脚本の馬淵薫は、心臓が被爆して巨大化するという設定を創作する。ゴジラが水爆実験の申し子であることを思い出す。この国の怪獣映画は被爆の記憶とともに始まった。もっとも今ならば、不謹慎な設定だとして批判されることは予想できるけれど。

絶対的な悪として登場したゴジラがいつの間にか人類の味方になってキングギドラと闘ったことが示すように、怪獣映画は正義と悪の闘いがベースだ。つまり勧善懲悪。でもサンダとガイラには子ども心に当惑した。だって分裂した正義（サンダ）と悪（ガイラ）は、元は一つ（被爆したフランケンシュタインの心臓）なのだ。さらに、肉を食べなければ生きられないガイラの悲哀らしきものも、当時の自分は何となく感知した。

サンダはガイラを一方的に攻撃しない。何とか救おうとする。ガイラも一時はその思いに応えようとするが、結局人を食べることをやめられない。一番身勝手なのは人間で、二匹（二人と書くべきか）まとめて殺してしまえと化学兵器を使い始める。

最後にサンダとガイラは取っ組み合いながら、海底火山の噴火にのみ込まれる。前作のフランケンシュタインは、バラゴンを頭上に持ち上げながら地表の割れ目にのみ込まれた。

……生きることの哀しみ。あるいは生きることの加害性。そして正義は一つではない。全て子どもには早過ぎるテーマだ。でも何となくではあるけれど、子どもばかりの劇場でそれを感知したような気がする。

『フランケンシュタインの怪獣　サンダ対ガイラ』（一九六六年）
監督／本多猪四郎
出演／ラス・タンブリン、佐原健二、水野久美

〈書き下ろし〉

88 人は複雑だと知ったのは彼女と観た『青春の蹉跌』

初めて『青春の蹉跌《さてつ》』を観たとき、僕は「蹉跌」を読めなかった。当時は高校二年生。名画座通いはこの一年ほど前から始めていたけれど、この時期に全盛だったアメリカン・ニューシネマばかりで、どちらかといえば邦画は敬遠していた。

この映画を（普段はあまり観ない）封切館で観た理由は、この頃に付き合い始めていたガールフレンドに誘われたからだ。石川達三の原作を彼女は読んでいたらしい。僕は読んでいない。今のようにスマホで検索できる時代じゃない。だからほとんど予備知識がないままに劇場に行った。

司法試験に合格するために学生運動をやめた江藤（萩原健一）は、高校生の登美子（桃井かおり）の家庭教師でもある。受験が終わった登美子は江藤をスキーに誘い、二人は男女の関係になる。江藤は資産家の伯父から金銭的な援助も受けていて、その娘の康子（檀ふみ）と交際を始める。司法試験に合格したばかりの江藤にとって、康子との結婚は社会的な成功を意味している。選択肢はひとつしかないのか。そんなときに登美子から妊娠を告げられて、二人はもう一度スキー場へと向かう。

その後の展開は（書かないけれど）ほぼ定石どおりに進む。監督はロマンポルノの鬼才と呼ばれていた神代辰巳。彼にとっては初めての一般映画作品だ。撮影は名コンビの姫田真佐久で、脚本はまだ監督デビュー前の長谷川和彦。

江藤と登美子の（特に終盤の）セックスシーンは、神代らしく扇情的だ。一七歳だった僕は席に座りながら動けず、ほぼ何も考えられないまま、ずっと息を止めていた。でもひとつだけ、今もはっきりと覚えていることがある。江藤の腕に抱かれた登美子が、最近は女の喜びがやっと分かってきた、というようなことを言ったとき、隣に座っていた彼女がくすくすと笑ったのだ。

なぜ笑うのか。身に覚えがあるのか。このときの僕たちは手を握ったかどうかという時期だった。彼女は康子と同じように資産家の娘で品行方正。しかも優等生だ。身に覚えなどあり得ない。でもならばなぜ笑う。他に男がいるのか。実は体験済みなのか。

……思いは千々に乱れながら、ラストの刑事の会話に衝撃を受ける。人は複雑だ。見える部分はほんの一部。湧き上がる自分のそんな思いに、翻弄され続けた映画だった。

冷静に自分の人生の損得を計算しているような江藤だが、なぜか歩きながら何度も後ろを振り返る。終始つぶやき続ける斎太郎節《さいたらぶし》のえんやーとっと。いきなりフルサイズで挿入されるテレビ画面のゼロックスCM「what to do next」。声や音と画面が微妙にぶれ続ける。

映画を一貫して支配するのは、低予算の映画を撮り続けてきた神代の意志だ。ロマンポルノの現場では当たり前だったアフレコの違和感を、とても効果的に利用している。歩行者天国や上野駅などで写り込む人たちはエキストラではない。演技するショーケンと桃井かおりの存在に当惑して、ちらちらとカメラを見る。今は絶対にできない撮影だ。新宿歌舞伎町の噴水でゲリラ撮影された場面は、この一年前に公開された『スケアクロウ』へのオマージュかもしれない。あの映画と同様、ラストのショーケンの顔のアップは、まさしく蹉跌そのものを提示している。

『青春の蹉跌』(一九七四年)
監督/神代辰巳
出演/萩原健一、桃井かおり、壇ふみ、河原崎健三

〈書き下ろし〉

89 『太陽の蓋』で思い返す一二年前の後ろめたさ

二〇一一年の春、首都圏の街からネオンが消えて、コンビニやスーパーは一斉に薄暗くなった。とても重苦しいこの感覚を、あえて言葉にすれば「後ろめたさ」だ。

家に閉じ籠もってテレビが伝える被災地の苛烈な状況に吐息をつきながら、自分は暖かい布団で眠ることができる現実に困惑した。

特に福島第一原発爆発の映像の衝撃は圧倒的だった。首都圏に電力を供給するために稼働していた原発がメルトダウンを起こして福島の人たちは生活を奪われたのに、電気を供給されていた自分は何の被害も受けていない。やっぱり後ろめたい。

でも薄暗いスーパーやコンビニで買い物をしながら、奇妙な解放感があったことも事実だ。この国はそもそも電気を使いすぎていた。東京は世界で最も夜が明るい都市と言われていた。この時点で日本の原発の数は世界第三位。一位のアメリカは国土が圧倒的に大きいし、二位のフランスにはほぼ地震がない。これほど狭くて地震ばかり起きる国で、五四基の原発はやっぱり異常だった。

その情報は隠されていたわけではない。警告を発している人もたくさんいた。でも自分は声を上げなかった。これもまたやっぱり後ろめたい。悔しい。そして申し訳ない。結局のところ自分は沈黙することで、この国の原発政策に加担してきたのだ。

二〇一一年以降のこの国は、明らかに原発依存からの脱却と再生可能エネルギー普及を進める意思を示していた。しかし岸田政権はこれを大転回する。増設や建て替えを含む基本方針を強引に閣議決定し、原発運転期間も大幅に延長した。転回のレベルではない。むしろ三・一一以前よりも原発依存を強めようとしている。

だから改めて『太陽の蓋』を観返した。「後ろめたさ」をもう一度思い出すために。

現実に即した社会や政治をテーマにした映画はいくらでもあるけれど、邦画の場合の特徴は、政治家や企業などをほぼ匿名にすることだ。

しかし三・一一当時の官邸を主な舞台にしたこの映画は違う。当時の菅首相や枝野官房長官など、登場する政治家はほぼ実名だ。まずそれは称えたい。ただし東京電力は東日電力で、原子力安全委員会委員長の班目春樹は万城目嗣久。自民党の政治家もほぼ出てこない。明らかに当時の政権与党だった民主党とのパイプを感じる。残念だ。公人ならば全て実名にすべきだ。東京電力を東日電力にすることの意味は何か。訴訟対策なのか。あれは別の電力会社ですとのレトリックが通用するとは思えない。変える意味がわからない。秀作だからこそ悔しい。

でも映画の完成度は高い。政治部記者を視点にする構成は成功している。小宮由紀夫の撮影は秀逸。「今度の事故で国民の考え方も変わるでしょうか」「変わるならとっくに変わってるさ」

記者と元記者のこの会話が示すように、この国は結局、後ろめたさを持続できなかった。それは予測できた。きっとまた踊り出す。そしてまた失敗する。その繰り返しだ。

最後に蛇足の補足（足ばかりだ）。『Fukushima 50』は観ていない。たぶんこれからも観ない。フェアじゃないことは予測できる。でもそれは理由じゃない。だって『太陽の蓋』だって決してフェアではない。それでいい。フェアな映画など観たくない。英雄譚が嫌いなだけだ。

『太陽の蓋』（二〇一六年）
監督／佐藤 太
出演／北村有起哉、袴田吉彦、中村ゆり、郭 智博

〈書き下ろし〉

90 戦闘なき戦争映画『兵隊やくざ』の反逆精神

現役の受刑者を傭兵として雇用するロシアの民間軍事会社ワグネルのニュースを見聞きするたび、ワグネルの前線部隊を題材にした映画を想像する。役者はそろっている。規律を何よりも重んじるたたき上げの軍人たちと、入隊してきたひと癖もふた癖もある前科者たち。さらには明らかにクレイジーな司令官（エフゲニー・プリゴジン）。面白くならないはずがない。

同じ題材の名作が過去にある。有馬頼義の原作を菊島隆三が脚本にして増村保造が監督した『兵隊やくざ』（一九六五年）は、これだけの巨匠がそろいながら、とにかく痛快でリズミカルな娯楽作品だ。

ただし「やくざ」も実のところ組織人だ。だから主人公の大宮貴三郎（勝新太郎）は、浪曲師崩れのやくざで用心棒だったという設定にされている。つまり半端者。だから個が強い。巨匠たちは周到だ。

組織になじめない貴三郎が究極の組織（軍隊）で、しかもヒエラルキー最下層の二等兵として務まるはずがない。古参兵たちの反感を買っては、上官たちと大立ち回り。そのたびに自分をかばうインテリの有田上等兵（田村高廣）に、貴三郎も上下関係とは全く違う親愛の情を抱く。ほとんどBL（ボーイズラブ）だ。

戦争映画なのに戦闘シーンはない。描かれるのは軍隊内部の派閥争いと腐敗と過酷で不条理な新兵訓練。

第二次大戦終了後、前線で敵兵を狙って発砲した兵士が全体の二割弱しかいないことが調査で明らかになって、米軍首脳は衝撃を受けた。

なぜ発砲しない兵士が多いのか。理由は単純だ。人は人を殺したくないのだ。しかしこの状態を放置していたら世界最強の軍隊になれない。米軍は試行錯誤を重ねる。例えば射撃訓練では同心円状の標的を人の顔写真や全身像に似せた標的に代えて、人を殺すことへの心理的な抵抗を少なくした。かつて大日本帝国陸軍も、捕虜にした中国兵や村人を立ち木に縛り付け、初年兵たちに突進させて銃剣で突かせる訓練「実的刺突」を日常的に行っていた。こうして兵士たちは人を殺す機械へと改造される。

訓練方法を変えてから米軍兵士の発砲率は朝鮮戦争で五五%、ベトナム戦争では九〇～九五%に上昇したという。

でも人を殺す機械へと改造すれば、当然ながら副作用が発生する。壊れてしまうのだ。スタンリー・キューブリック監督の『フルメタル・

ジャケット』は、海兵隊新兵が過酷な訓練で無残に壊される過程が前半で描かれる。ほかにも『タクシードライバー』『帰郷』『ディア・ハンター』『ランボー』など、特にベトナム戦争以降、壊れた帰還兵が主人公となるアメリカ映画は数多い。イラク戦争では『アメリカン・スナイパー』がその代表だ。

米軍兵士たちに比べれば、七三一部隊や百人斬りなどの兵士たちのその後が示すように、旧日本軍の兵士は壊れづらいという印象がある。そもそも精神の障害を隠す文化がある上に、皇軍兵士が壊れるなどあり得ないとされたことは大きな前提だが、日本人全般が集団になじみやすいことも、おそらくはその理由の一つだろう。

だからこそ個の反逆がエンタメに昇華する。軍や組織への批判精神も旺盛。間違いなく名作だ。

『兵隊やくざ』（一九六五年）
監督／増村保造
出演／勝新太郎、田村高廣、滝瑛子、淡路恵子

〈書き下ろし〉

本書の初出は「ニューズウィーク日本版」（二〇二〇年二月一八日号～二〇二四年二月二〇日号）に掲載された「私的邦画論」と「私的映画論」である。単行本化にあたり、加筆・修正を加えた。

森 達也（もり・たつや）

広島県呉市生まれ。映画監督、作家。テレビ番組制作会社を経て独立。98年、オウム真理教を描いたドキュメンタリー映画『A』を公開。2001年、続編『A2』が山形国際ドキュメンタリー映画祭で特別賞・市民賞を受賞。佐村河内守のゴーストライター問題を追った16年の映画『FAKE』、東京新聞の記者・望月衣塑子を密着取材した19年の映画『i －新聞記者ドキュメント－』が話題に。10年に刊行した『A3』で講談社ノンフィクション賞。著書に、『放送禁止歌』（光文社知恵の森文庫）、『「A」マスコミが報道しなかったオウムの素顔』『職業欄はエスパー』（角川文庫）、『A2』（現代書館）、『ご臨終メディア』（集英社）、『死刑』（朝日出版社）、『東京スタンピード』（毎日新聞社）、『マジョガリガリ』（エフエム東京）、『神さまってなに？』（河出書房新社）、『虐殺のスイッチ』（出版芸術社）、『フェイクニュースがあふれる世界に生きる君たちへ』（ミツイパブリッシング）、『U 相模原に現れた世界の憂鬱な断面』（講談社現代新書）、『千代田区一番一号のラビリンス』（現代書館）、『増補版 悪役レスラーは笑う』（岩波現代文庫）など多数。2023年9月1日、関東大震災の5日後に千葉県の福田村で起きた行商団9人の虐殺事件をテーマにした映画『福田村事件』を公開し、第47回日本アカデミー賞監督賞を受賞した。

論創ノンフィクション 059
極私的映画論

2025年2月1日　初版第1刷発行

著　者　森 達也
発行者　森下紀夫
発行所　論創社
東京都千代田区神田神保町 2-23　北井ビル
電話　03（3264）5254　振替口座　00160-1-155266

カバーデザイン　奥定泰之
イラスト　ナツコ・ムーン
組版・本文デザイン　アジュール
校正　内田ふみ子
印刷・製本　精文堂印刷株式会社
編　集　谷川 茂

ISBN 978-4-8460-2391-1 C0036